Collaboration et originalité
chez La Rochefoucauld

University of Florida Monographs

Humanities No. 48

Collaboration et originalité
chez La Rochefoucauld

Susan Read Baker

A University of Florida Book

University Presses of Florida
FAMU / FAU / FIU / FSU / UCF / UF / UNF / USF / UWF

Gainesville

Part of Chapter I is reprinted from *Revue d'Histoire littéraire de la France* by Susan Read Baker by permission of the publisher. © Librairie Armand Colin, Paris.

Library of Congress Cataloging in Publication Data

Baker, Susan Read.
    Collaboration et originalité chez La Rochefoucauld.

    (University of Florida humanities monographs; no. 48)
    Bibliography: p.
    1. La Rochefoucauld, François, duc de, 1613–1680.
Maximes. 2. Esprit, Jacques, 1611–1678. La fausseté
des vertus humaines. 3. Maxims, French—History and
criticism. I. Title. II. Series: Florida.
University, Gainesville. University of Florida mono-
graphs: Humanities; no. 48.
PQ1815.B26   848'.4'02   79-21085
ISBN 0-8130-0657-0

University Presses of Florida is the central agency for scholarly publishing of the State of Florida's university system. Its offices are located at 15 NW 15th Street, Gainesville, FL 32603. Works published by University Presses of Florida are evaluated and selected for publication by a faculty editorial committee of any one of Florida's nine public universities: Florida A&M University (Tallahassee), Florida Atlantic University (Boca Raton), Florida International University (Miami), Florida State University (Tallahassee), University of Central Florida (Orlando), University of Florida (Gainesville), University of North Florida (Jacksonville), University of South Florida (Tampa), University of West Florida (Pensacola).

A mes parents

AVANT-PROPOS

". . . c'est le caractère des grands esprits de faire entendre en peu de paroles beaucoup de choses . . .".

maxime 142

Il est assurément plus facile d'expliquer l'influence exercée par les *Maximes* sur la littérature postérieure que de rendre compte de la mutation des valeurs morales, sociales et esthétiques que cet ouvrage est le premier en date à exprimer. Nourri des mêmes rêves héroïques que les autres membres de cette noblesse qui avait fait la Fronde, La Rochefoucauld fut le premier de sa caste à proclamer que l'héroïsme n'était qu'une illusion. Chevaleresque et idéaliste pendant sa jeunesse—on sait que l'*Astrée* était une de ses lectures préférées—l'auteur des *Maximes* refuse toute hauteur à l'âme humaine, et décèle dans chaque vertu une ruse de l'orgueil, une métamorphose trompeuse de l'amour-propre. Sans doute la réaction de Mme de La Fayette devant une pensée si désabusée n'était guère isolée. "Ha, Madame!" écrit-elle vers 1663 à Mme de Sablé, "quelle corruption il faut avoir dans l'esprit et dans le coeur pour être capable d'imaginer tout cela!"[1] Il reste néanmoins que le succès du recueil fut immense, ce qui suggère que La Rochefoucauld avait saisi quelque chose d'essentiel, non seulement dans son expérience à lui, mais aussi dans l'expérience de toute une génération. On voudrait mieux connaître le mécanisme de ce mouvement en arrière qui devient un mouvement en avant; qui interprète radicalement les données d'une certaine expérience du passé pour projeter une nouvelle image de l'homme.

Le désir de cerner la signification des *Maximes* a récemment provoqué toute une floraison de livres et d'articles importants sur l'oeuvre. Nos recherches étaient déjà en cours quand MM. Jacques Truchet et Dominique Secretan ont publié leurs éditions critiques des textes compris dans la genèse de l'oeuvre. La même année, trois autres études significatives ont paru: *La Rochefoucauld, His Mind and Art*, de M. W.G. Moore; l'*Essai*

1

sur la morale de La Rochefoucauld, de M. Louis Hippeau, et *L'Ecrivain et ses travaux* de M. Paul Bénichou, dont un chapitre s'intitule "L'Intention des *Maximes*". Plus récemment encore, M. P.E. Lewis a publié *La Rochefoucauld, The Art of Abstraction*, le premier ouvrage en date à aborder directement ce que l'auteur appelle le problème de la fragmentation dans les *Maximes*. Enfin, la rédaction de cette étude était achevée quand nous avons pu consulter l'érudit ouvrage de M. Jean Lafond, *La Rochefoucauld: Augustinisme et littérature.*[2] Ces livres, joints au nombre imposant d'ouvrages déjà bien connus sur les *Maximes*, sembleraient rendre de nouvelles recherches superflues. Et pourtant, c'est bien une loi de la critique littéraire qu'un grand ouvrage n'a jamais livré tous ses secrets. Il se trouve, par l'accumulation même des travaux sur un auteur, que de nouvelles questions se posent et que d'anciens problèmes sont mis dans une perspective différente. Pour ces raisons, on peut tenir les travaux récents sur les *Maximes* non pas comme une fin, mais comme un commencement.

L'étude présente fut conçue après une étude minutieuse des textes relatifs à la genèse des *Maximes*.[3] Ayant exploré l'élaboration matérielle du recueil jusqu'en 1665, j'ai trouvé qu'on pouvait considérer trois faits comme acquis: 1°—les copies de 1663, l'édition hollandaise et l'édition princeps de 1665 sont surtout tributaires du manuscrit de Liancourt; 2°—le manuscrit de Liancourt a recueilli le premier, paraît-il, des maximes spontanément écrites et envoyées dans la correspondance du duc; et 3°—il n'y a pas eu d'évolution philosophique chez La Rochefoucauld entre 1657 environ et 1665.[4] Le rôle prépondérant joué dans la genèse de l'oeuvre par le manuscrit de Liancourt m'a amenée à examiner avec soin son contenu. Je me suis aperçue alors qu'on pourrait interpréter le recueil original à la lumière d'un projet initial formulé par le duc en collaboration avec son ami Jacques Esprit et exposé dans une lettre au frère de celui-ci. Ce prcjet a porté les deux collaborateurs à rédiger une matière commune que la critique pourrait reconstituer et utiliser pour éclairer les intentions du duc et son originalité. Tous les commentateurs des *Maximes* ont remarqué la présence d'un noyau de thèmes ou d'idées fondamentales dans le recueil; aucun n'a cherché à expliquer pourquoi la présence de ces thèmes n'est pas fortuite. J'ai voulu montrer que leur présence dépend d'une certaine conception de l'oeuvre à faire chez La Rochefoucauld.

L'analyse qui en a résulté sera présentée dans les pages suivantes. Je voudrais signaler ici les principes critiques que j'ai suivis en la faisant. Il y a onze ans, j'ai commencé mes recherches sur La Rochefoucauld sous la direction experte et bienveillante de M. Paul Bénichou. Il va sans dire que certaines de ses convictions en matière de critique littéraire, de même que ses propres études sur les *Maximes*, m'ont influencée. J'ai accepté d'emblée une idée qu'il a défendue avec éloquence: qu'on ne cessera jamais d'étudier la genèse des grandes oeuvres littéraires sans appauvrir nos connaissances, et cela malgré le fait bien reconnu de nos jours que la genèse de l'oeuvre n'explique guère de façon complète l'oeuvre définitive.[5] Sans récuser d'autres méthodes critiques—j'admire en particulier les travaux innovatifs de Barthes, de Culler, de Lewis—j'avoue que la mienne est restée plutôt traditionnelle. C'est-à-dire que je considère comme légitime—et même indispensable—l'étude de l'élaboration matérielle et idéologique de l'oeuvre, les préoccupations anciennes et nouvelles de son auteur, celles de sa société, l'influence de ses contemporains et celle d'autres écrivains sur sa pensée. Projet trop ambitieux? Peut-être. Mais ce n'est pas à un seul critique de l'accomplir.

CHAPITRE I
LE PROJET INITIAL[1]

Une étude même superficielle des textes des *Maximes* antérieurs à 1665 oblige à poser la question des circonstances qui suscitèrent la création du recueil. Malgré sa composition apparemment décousue, la reprise constante d'un nombre limité de sujets dans l'oeuvre en cours d'élaboration[2] aussi bien que la présence dans la correspondance de certaines idées-clés, telles que le rôle de l'amour-propre, des humeurs du corps, et de la fortune, suggèrent que La Rochefoucauld possédait dès 1659 une conception assez nette de l'ouvrage qu'il allait rédiger pendant les années suivantes. Une fois constatés ces noyaux fondamentaux de la matière de l'oeuvre, l'insuffisance de plusieurs théories visant à expliquer la genèse des *Maximes* devient apparente.

Depuis les études de Victor Cousin sur ce sujet, on a supposé que la mise en oeuvre des *Maximes* avait été provoquée par un divertissement de salon dans lequel La Rochefoucauld avait le bonheur d'exceller. Comme il serait difficile de contester l'existence d'un tel divertissement, cette hypothèse garde une certaine vraisemblance.[3] Réduire pourtant l'origine première des *Maximes* à un simple jeu, c'est esquiver le problème fondamental de leur cohérence littéraire. Car si les *Maximes* ne représentent que des considérations diverses de leur auteur sur des sujets jetés par hasard sur le tapis dans le salon de Mme de Sablé, il devient bien difficile d'expliquer leur unité sans avoir recours à la notion d'un travail préalable, ou d'un tri fait avant leur enregistrement dans les manuscrits.

Une deuxième théorie sur la genèse des *Maximes* retire également à La Rochefoucauld tout projet formé de faire un ouvrage littéraire d'intention sérieuse. Elle consiste dans la supposition que les *Maximes* ne sont que le portrait légèrement déguisé de leur auteur, suivant le jugement porté sur le recueil par Mme de

Guymené en 1663: " . . . Ce que j'en ai vu me paraît plus fondé sur l'humeur de l'auteur que sur la vérité, car il ne croit point de libéralité sans intérêt, ni de pitié; c'est qu'il juge tout le monde par lui-même" (p. 570). En limitant de la sorte la signification des *Maximes* aux déceptions personnelles de La Rochefoucauld, on arrive à réduire au minimum la portée générale de l'ouvrage. Or, La Rochefoucauld n'a pas cessé de protester contre une telle interprétation, non seulement par le truchement de La Chapelle-Bessé, dans le *Discours-Préface* de sa première édition (". . . on appelle leur censure le portrait du peintre . . .", p. 279) mais aussi, semble-t-il, dans ses entretiens particuliers, tel que celui que rapporte le chevalier de Méré: " '. . . J'ai remarqué', reprit-il, 'les défauts de l'esprit et du coeur de la plupart du monde, et ceux qui ne me connaissent que par là pensent que j'ai tous ces défauts, comme si j'avais fait mon portrait!' " (p. 593). Comme le déclare expressément la première phrase de l'*Avis au lecteur* de 1665, le but du moraliste était tout autre: "Voici un portrait du coeur de l'homme que je donne au public, sous le nom de *Réflexions ou Maximes morales*" (p. 267).

Le dessein affiché de La Rochefoucauld était donc de présenter de manière abstraite les lois psychologiques qui régissent la conduite humaine. Ses protestations étaient, en effet, d'autant mieux fondées qu'il avait choisi pour formuler ces lois un genre qui leur conférait par ses règles mêmes une application impersonnelle et générale. Ainsi une troisième théorie sur l'origine des *Maximes*, qui cherche à découvrir derrière chaque sentence un personnage ou un événement historique particulier, se trouve également invalidée, et M. Jean Starobinski s'est élevé avec raison non seulement contre une telle recherche des clés, mais aussi contre toute interprétation trop étroitement autobiographique des *Maximes*. "Ce qui compte, en définitive," déclare-t-il, "ce n'est pas le fait particulier dont La Rochefoucauld se souvient, mais la façon dont il s'en dégage, l'effacement qu'il lui fait subir, le passage à la généralité impersonnelle de la sentence. Dans la maxime, l'événement vécu cherche et trouve l'oubli."[4] Ce qui fait donc défaut aux théories précédentes sur la genèse des *Maximes*, c'est qu'elles n'expliquent ni le passage du particulier au général chez le moraliste, ni la transformation des données de son expérience personnelle en une nouvelle image de l'homme. Surtout, elles ne tiennent pas compte du témoignage le plus direct sur la genèse et l'intention des *Maximes*.

Ce témoignage se trouve dans une lettre envoyée par La Rochefoucauld au Père Thomas Esprit à l'occasion de la diffusion en France de l'édition hollandaise des *Maximes* (p. 577-579). Tout en écrivant au frère de son ami Jacques Esprit qu'il n'est pas question de ''faire ici un manifeste'', le duc tient évidemment à se défendre contre le scandale suscité par son ouvrage. Or, cette défense se fait en deux mouvements, l'auteur soulignant d'abord qu'il n'avait pas destiné ses maximes à la publication: ''Il peut y avoir même quelques expressions trop générales que l'on aurait adoucies si on avait cru que ce qui devait demeurer secret entre un de vos parents et un de vos amis eût été rendu public.'' On remarquera dans cette phrase qu'il ne s'agit que de deux confidents, La Rochefoucauld et Jacques Esprit; Mme de Sablé n'y est pas mentionnée. La Rochefoucauld se justifie ensuite en exposant le projet initial des deux confidents, dont les intentions étaient surtout apologétiques:

Mais comme le dessein de l'un et de l'autre a été de prouver que la vertu des anciens philosophes païens, dont ils ont fait tant de bruit, a été établie sur de faux fondements, et que l'homme, tout persuadé qu'il est de son mérite, n'a en soi que des apparences trompeuses de vertu dont il éblouit les autres et dont il se trompe lui-même lorsque la foi ne s'en mêle point, il me semble, dis-je, que l'on n'a pu trop exagérer les misères et les contrariétés du coeur humain pour humilier l'orgueil ridicule dont il est rempli, et lui faire voir le besoin qu'il a en toutes choses d'être soutenu et redressé par le christianisme. Il me semble que les maximes dont il est question tendent assez à cela, et qu'elles ne sont pas criminelles, puisque leur but est d'attaquer l'orgueil qui, à ce que j'ai ouï dire, n'est pas nécessaire à salut.

Selon cet exposé, le projet initial comportait donc trois objets, dont le dernier était le plus important. Il s'agissait: 1°—de prouver la fausseté des vertus des païens; 2°—de prouver la fausseté des vertus humaines en général; et 3°—de montrer la nécessité de la foi chrétienne. Ces déclarations de La Rochefoucauld sont loin d'être négligeables, surtout si l'on considère qu'elles laissent apercevoir un projet littéraire bien défini à l'origine des *Maximes*. Elles ont, néanmoins, reçu peu d'attention jusqu'ici, pour des raisons qui ne sont pas difficiles à trouver. D'abord il est bien évident, et cela dès l'édition princeps, que les *Maximes* ne recèlent pas d'intention apologétique. Toute pensée édifiante a été reléguée au *Discours-Préface*, supprimé dès la deuxième édition, et à l'*Avis au lecteur*, abrégé en 1666. L'analyse des textes antérieurs à cette année-là montre de même une élimination progressive des allusions religieuses avant la publication du recueil.[5] On est alors bien fondé à accepter avec méfiance les pièces justificatives de La Rochefoucauld qui portent sur la nature prétendument édifiante de son ouvrage. Rien ne permet, toutefois, de douter de l'influence de la théologie augustinienne sur le recueil initial; il s'y trouve même des indices qui permettent d'établir le contraire, sur lesquels nous aurons l'occasion de revenir.

En deuxième lieu, si la critique a depuis longtemps reconnu l'influence de Jacques Esprit derrière les maximes de La Rochefoucauld sur l'amour-propre, son effort constant a été de minimiser la collaboration entre Esprit et le duc, soit par désir d'affirmer l'originalité de celui-ci, soit parce que cette collaboration semblait se limiter aux propos sur le style, dont La Rochefoucauld tenait peu de compte. Toutefois la correspondance du duc indique que sa collaboration avec Esprit était non seulement plus étroite qu'avec Mme de Sablé, mais aussi qu'elle différait de nature.[6] Car si Mme de Sablé donnait volontiers ses avis sur la qualité littéraire des sentences, elle n'en blâmait pas moins en privé leur intention, comme le révèle une lettre que lui a envoyée Mme de Longueville à leur sujet:

> J'ai une fluxion horrible sur les yeux de sorte qu'encore que j'ai bien envie de vous entretenir longtemps, je pense que je viendrai à bout de me réduire à ne faire que répondre à vos questions. Je vous dirai donc que M. Esprit qui est ici m'a parlé de ces sentences, mais il ne me les a pas assez expliquées pour comprendre votre discernement sur leur sujet. *Je veux dire pourquoi cette même chose que vous trouvez qui fait honneur à leur esprit fait honte à leur âme*.[7]

La désapprobation exprimée par Mme de Sablé envers les "sentences" est significative: elle confirme l'impression donnée par la lettre de La Rochefoucauld au Père Esprit qu'un projet littéraire liait initialement le duc et Jacques Esprit dans une entreprise commune, et qu'un des buts déclarés de cette entreprise était de démontrer la fausseté des vertus humaines. Enfin ce qui semble encore indiquer l'existence d'un tel projet, c'est le rapport entre l'éclairage initial du recueil de La Rochefoucauld—qui était de prouver la fausseté des vertus, comme l'a montré l'étude des manuscrits faite par M. Truchet (p. xxi)—et le sujet du livre posthume de Jacques Esprit, *La Fausseté des vertus humaines*, publié en 1678.[8] Pour déterminer dans quelle mesure La Rochefoucauld aurait adopté ce projet initial, il importe de rouvrir la question de ses rapports avec l'académicien Jacques Esprit.

En 1656, quand La Rochefoucauld rentre à Paris pour habiter l'hôtel de Liancourt, son amitié pour Jacques Esprit remontait pour le moins à 1634, date vers laquelle Esprit avait commencé à fréquenter les hôtels de Liancourt et de Rambouillet grâce aux entrées que son frère aîné y avait.[9] Comme Esprit n'avait que deux ans de plus que La Rochefoucauld, il semble que le duc se soit lié assez vite avec le jeune abbé, qui venait de passer quatre ou cinq années au séminaire de Saint-Magloire où il avait étudié la théologie et les belles-lettres. L'abbé d'Olivet a même attribué à La Rochefoucauld un assez grand rôle dans le succès mondain d'Esprit; car, écrit-il, le duc "le goûta infiniment et se fit un plaisir de le produire partout."[10] En effet, presque tous les contemporains d'Esprit sont d'accord pour louer son aisance à parler et à écrire. "Il avait dans sa manière," écrit le père Rapin, "un air de douceur, de civilité, et de complaisance qui le rendait aimable aux gens de qualité."[11] Ces heureuses qualités l'ayant décidé à quitter l'Oratoire, Esprit fut protégé tour à tour par le chancelier Séguier, qui le fit recevoir à l'Académie française en 1639, et par Mme de Longueville, qui l'emmena avec elle à Munster en 1645. Toujours selon le Père Rapin, Esprit devait cette dernière protection à Mme de Sablé: ". . . la marquise de Sablé, qui se plaisait aux manières et à l'esprit de ce bon Père, le fit connaître à la duchesse de Longueville laquelle, prévenue d'estime pour le Père Demarès (aussi de l'Oratoire), qu'elle suivait quand il prêchait, n'eut pas de peine à s'affectionner au Père Esprit, et à le prôner."[12]

Le succès d'Esprit dans les ruelles n'excluait pas pourtant un fond de dévotion qui se révéla, s'il faut en croire le Père Rapin, par une espèce de prosélytisme janséniste à l'hôtel de Liancourt, et, plus tard, par un retour à l'Oratoire vers 1649-1650. Mais ayant ébranlé sa santé par des pénitences trop sévères, Esprit en sortit pour la deuxième fois. Vers 1652, il s'attacha à la maison de

La Rochefoucauld et il devint l'intendant des affaires du duc
pendant cinq ou six ans.[13] Les adresses des lettres de La
Rochefoucauld à son intendant montrent que celui-ci se trouvait
alors à Paris, d'où l'on peut conclure qu'il aurait commencé à
fréquenter La Rochefoucauld en 1656 quand le duc regagna la
capitale. Vers 1658, Esprit entra au service du prince de Conti
qu'il suivit dans le Languedoc où Conti avait son gouvernement.[14] Après la mort de ce protecteur en 1666, Esprit ne re-
tourna pas à Paris, mais dans sa ville natale de Béziers, où il
mourut en 1678. Ainsi la collaboration la plus étroite entre Esprit
et La Rochefoucauld se situe probablement entre 1656 et 1658,
dans la période qui précède de près la constitution du manuscrit
de Liancourt. Le peu d'influence qu'Esprit semble avoir exercé
sur le duc après 1660 s'explique sans doute non seulement par une
plus grande confiance de La Rochefoucauld en ses dons d'écri-
vain, mais aussi par le fait que leurs rapports personnels ont dû
s'espacer vers cette date.

Quoique la vie de Jacques Esprit reste assez peu connue, le
jugement succinct que Chapelain a porté sur lui vers 1660 laisse
entrevoir la réputation qu'avait Esprit parmi ses contemporains,
aussi bien que des qualités que La Rochefoucauld a dû estimer
chez lui:

> Esprit—son fort est dans la théologie, et il a peu de fond hors
> de là. Pour de l'imagination et du style, il en a beaucoup, et
> écrit élégamment en prose et en vers français. L'inégalité de sa
> vie, quoique toujours innocente, le fait connaître pour un
> homme de peu de tête, et n'a pas empêché qu'on ne l'ait aimé à
> cause de sa bonté. De prédicateur, il est devenu courtisan, et
> de courtisan, père de famille, le tout pour faire fortune, dont il
> avait grand besoin.[15]

Il semble d'après ce jugement qu'Esprit ait surtout pratiqué les
petits genres, ce qui peut expliquer l'estime que lui portaient
Balzac et Voiture; malheureusement, il ne reste presque rien
d'une telle production. Un intéressant *Dialogue sur la paix*, composé probablement vers 1659 à l'occasion de la paix des Pyrénées,
montre cependant qu'Esprit n'était pas dépourvu de talent dans ce
genre. D'un mouvement vif, son dialogue présente deux inter-
locuteurs bien caractérisés, Hermogènes et Limandre, dont le
dernier sert surtout de porte-parole au pacifisme d'Esprit. Un

souvenir de ce dialogue se retrouve, semble-t-il, dans la maxime supprimée 68 de La Rochefoucauld ("Il y a des crimes qui deviennent innocents et même glorieux par leur éclat, leur nombre, et leur excès. De là vient que les voleries publiques sont des habiletés, et que prendre des provinces injustement s'appelle faire des conquêtes"), qui semble reprendre ces paroles de Limandre: "Quand un homme vole ou tue plusieurs personnes, c'est un conquérant, et quand il n'en tue et n'en vole qu'un, c'est un méchant homme? Quoi! *les crimes sont justifiés par leur nombre et par leur excès*; et la roue, l'infamie, et la mort punissent les larcins, et les meurtres des gens vulgaires; *les seuls héros assassinent avec gloire!*"[16]

L'intérêt de ce bref dialogue se trouve non seulement dans les convictions qui y sont exprimées, mais aussi dans les goûts intellectuels qu'il révèle chez Esprit. Le choix du dialogue comme genre, les noms grecs donnés aux personnages, la dissertation historique de Limandre sur les méfaits d'Alexandre le Grand, indiquent avec quelle prédilection Esprit a retrouvé les formes littéraires et la pensée de l'antiquité. Deux lettres de La Rochefoucauld suggèrent encore qu'Esprit méditait constamment les ouvrages des philosophes païens. Dans la lettre 4, il est question d'une "condamnation de Brutus" (p.545) que La Rochefoucauld conjure Esprit de lui envoyer, tandis que dans la lettre 6 il écrit à son ami: ". . . il ne serait pas juste que vous fussiez paix et aise à Paris avec Platon, pendant que je suis ici à la merci des sentences que vous avez suscitées pour troubler mon repos" (p.546). L'intérêt porté par Esprit aux philosophies morales de l'antiquité représente donc un goût littéraire persistant chez lui, qui est déjà bien en évidence vers l'époque de sa collaboration avec La Rochefoucauld, et qu'il a peut-être communiqué au duc.

Le commerce épistolaire conservé dans les portefeuilles Vallant à la Bibliothèque Nationale permet de signaler d'autres apports plus précis d'Esprit au recueil initial des *Maximes*. Ainsi une lettre de Mme de Maure à Mme de Sablé révèle que la formulation de la maxime 164 du manuscrit de Liancourt revient tout d'abord à Esprit, et lui doit son caractère religieux: "Les passions ont une injustice et un propre intérêt qui fait qu'elles offensent et blessent toujours, même lorsqu'elles parlent raisonnablement et équitablement; la charité a seule le privilège de dire quasi tout ce qui lui plaît et de ne blesser jamais personne'' (p.562–563). Une autre lettre de Mme de Maure à la marquise, envoyée le 3 mars 1661 (pp.561–562), permet encore d'établir que les maximes 158 (''La vérité est le fondement et la justification de la beauté'') et 163 du même manuscrit (''La vérité est le fondement et la raison de la perfection et de la beauté, car il est certain qu'une chose, de quelque nature qu'elle soit, est belle et parfaite si elle est tout ce qu'elle doit être et si elle a tout ce qu'elle doit avoir'') furent inspirées par Mme de Sablé et Esprit, aussi bien que la première *Réflexion diverse* sur le même sujet. Une lettre de La Rochefoucauld rapporte d'ailleurs un fait divers recueilli par Esprit qui reparaîtra dans la réflexion finale de 1665 sur le mépris de la mort (''. . . un laquais se contenta dernièrement de danser les tricotets sur l'échafaud où il devait être roué''), et qui se relie selon toute évidence à la réfutation de Sénèque rédigée par La Rochefoucauld dans ses manuscrits (p.545).

Les aperçus sur la collaboration entre Esprit et La Rochefoucauld qui sont fournis par les portefeuilles Vallant ne sont pas sans importance: ils renforcent l'impression que le duc et son collaborateur partageaient une matière commune pendant la période de l'élaboration des *Maximes*. Il est néanmoins apparent que ces détails disparates jettent peu de lumière sur le projet initial dont La Rochefoucauld‚ fait état dans sa lettre au Père Thomas Esprit, et qu'il y présente comme la source de sa collaboration avec le frère de celui-ci. Pour déterminer l'étendue de cette collaboration et pour savoir dans quelle mesure La Rochefoucauld a réalisé ce projet initial, nous avons besoin de renseignements additionnels sur les activités littéraires d'Esprit.

Ces renseignements semblent au premier abord difficiles à obtenir. En premier lieu, le seul ouvrage de quelque ampleur écrit par Esprit, *La Fausseté des vertus humaines*, fut publié treize ans après l'édition princeps des *Maximes*. Tout en considérant que son privilège date du premier juin 1674, sa date de publication suggère une rédaction postérieure à l'époque de la genèse des *Maximes*. En deuxième lieu, malgré des coïncidences frappantes de pensée et même de vocabulaire entre le recueil des *Maximes* et *La Fausseté des vertus humaines*, la nature indigeste du livre d'Esprit a fourni à plusieurs critiques un argument en faveur de la supériorité, donc de l'antériorité de la pensée de La Rochefoucauld. Poussée à son point extrême, cette attitude produit une accusation de plagiat; plus nuancée, elle suggère qu'Esprit a voulu simplement faire un commentaire diffus sur l'oeuvre de son illustre prédécesseur.[17] En elle-même, pourtant, cette reprise par Esprit de certaines pensées déjà rendues célèbres par La Rochefoucauld n'exclut pas la possibilité que ces pensées aient fait partie d'une matière commune constituée par Esprit et le duc vers 1659. D'abord, le fait seul qu'Esprit est un auteur de second rang ne prouve pas qu'il ait imité La Rochefoucauld. On peut noter à cet égard que son livre se conforme beaucoup plus que les *Maximes* au projet initial dont témoigne la lettre au Père Thomas Esprit. Ensuite, vu la longueur de l'oeuvre posthume d'Esprit, il est très possible qu'elle ait été rédigée en plusieurs temps, et que si Esprit l'a terminée au plus tard en 1674 quand il a demandé un privilège en vue de la publication, certaines parties aient pu être nettement antérieures.

Or, ce qui permet d'étayer l'hypothèse que *La Fausseté des vertus humaines* et les *Maximes* procèdent d'une matière commune, c'est un relevé complet des passages des deux livres qui coïncident, soit par le contenu, soit par le texte même.[18] Une telle étude révèle que tous les passages de l'ouvrage d'Esprit qui sont analogues aux maximes de La Rochefoucauld se rapportent à des maximes antérieures à 1665; nulle maxime rédigée après cette date ne s'y trouve. En outre, toutes les maximes en question apparaissent dans le manuscrit de Liancourt, où elles sont éparses du début jusqu'à la fin. La distribution de ces maximes dans le manuscrit de Liancourt et dans les autres textes antérieurs à 1665 peut être représentée par le tableau suivant:

Esprit La Rochefoucauld

	1678	L[19]	H	SL	B	G	Lettres	1665
II, 10, p. 173	7	126	102	127	18	—	—	7
I, 10, p. 262	15	83	7	86	33	x	—	15
II, 4, pp. 56–60	18	77	26	81	44	x	—	20
II, 1, p. 7	20	16	8	20	46	—	—	23
II, 12, p. 210	24	201	133	202	57	x	—	27
II, 23, p. 443								
I, 20, pp. 449–450	39	15, 177	156	20, 179	75	—	—	43
I, 28, p. 594								
II, 21, p. 374	42	138	77	139	81	—	—	46
	43	19	—	22	82	—	—	47

II, 20, pp. 343–344	54	89	164	91	99	x	—	63
I, 3, p. 121	62	43	158	48	108	—	—	71
	63	81	41	84	14	x	—	72
I, 1, pp. 1–83	65	55	14	61	110	x	—	75
I, 4, p. 164	83	22	88	25	130	x	—	94
II, 21, p. 374	102	178	83	180	136	—	30	112
I, 28, p. 594	116	56	19	62	142	—	—	118
II, 5, p. 534	170	155	157	156	172	x	6	178
II, 4, p. 52	185	93	4	95	183	—	—	194
II, 10, pp. 170–171	214	36	117	41	211	x	—	227
II, 10, pp. 161–162	217	66	115	71	205	x	—	230
II, 6, pp. 91–92	220	182	112	184	213	x	7	234
I, 16, pp. 391–395	233	57 58	174, 175	63	220	x	—	247
I, 17, pp. 413–417	236	52	35	58	223	x	—	250
I, 20, pp. 456–457								
I, 5, pp. 181–182	239	49	141	55	225	x	—	255
I, 11, pp. 314–315	250	128	43	129	230	x	—	273
I, 21, pp. 463–468	254	53	25	59	239	x	—	277
II, 24, p. 465								
II, 24, p. 479	257	74	9	79	—	x	—	280
I, 7, pp. 213–214	260	80	184	83	242	—	—	283
I, 15, pp. 373–375	264	51	22	57	243	x	—	287
II, 19, p. 322	266	84	94	54	247	x	30	289
II, 24, pp. 463–464	M.S. 1	94	105	96	16	x	—	1
I, 24, pp. 513–514	M.S. 14	109	37	111	124	—	—	88
	M.S. 15	110	37	112	55	x	—	89
II, 3, pp. 37–41	M.S. 24	87	30	89	42	—	—	135
I, 11, p. 332	M.S. 30	25	135	28	25	x	—	159
II, 5, p. 534	M.S. 33	45	—	50	70	x	30	176
II, 14, p. 288	M.S. 68	37	4	42	71	x	—	192
II, 5, p. 68	M.P. 26	270	—	—	31	x	15	—

Toutes ces maximes se trouvent donc dans le manuscrit de Liancourt; toutes, sauf une (la maxime posthume 26) dans la copie SL; toutes sauf trois (la maxime 43 de 1678, la maxime supprimée 33 et la maxime posthume 26) dans l'édition hollandaise. Non seulement la distribution de ces maximes est la plus complète dans le manuscrit de Liancourt, mais encore celles qui y figurent sont parmi les plus importantes de ce texte. La maxime 94, par exemple, n'est autre que la grande réflexion sur l'amour-propre, déjà publiée le 13 décembre 1659 dans le *Recueil de pièces en prose* édité par Charles de Sercy. Il se peut même, comme l'a suggéré M. Grubbs, que ce morceau ait été imprimé par les soins de Jacques Esprit.[20] La longue maxime 270 sur les rapports entre l'intérêt et l'amour-propre, aussi bien que la maxime 52 sur l'amour-propre et la bonté, la maxime 53 sur l'orgueil et l'humilité, et la maxime 55 sur la prudence opposée à la providence divine, sont également parmi les maximes en question. Tandis que ce sont toutes des réflexions proprement dites sur des thèmes d'origine chrétienne, il y a un nombre important de maximes-sentences qui attaquent la fausseté des vertus particulières, telles que la civilité (la maxime 80), la clémence (la maxime 83), la justice (la maxime 110), et l'héroïsme (la maxime 201). On y remarque enfin des maximes anti-stoïciennes, telles que la maxime 89 sur le mépris des richesses chez les philosophes, la maxime 16 sur la constance des sages, et la maxime 138 sur la faiblesse de la raison. La ressemblance entre ce fonds d'idées que La Rochefoucauld et Esprit semblent avoir partagé vers 1659 et le projet initial esquissé dans la lettre au Père Thomas Esprit est trop frappante pour être fortuite. Etant donné surtout le caractère augustinien de ces coïncidences de pensée, on est fondé à élargir le rôle joué par Jacques Esprit et le jansénisme dans la formulation du projet initial. Ainsi, avant d'examiner la mise en oeuvre du projet chez Esprit et La Rochefoucauld, il importe de découvrir quels rapports existent entre les buts de cc projet et la pensée janséniste.

*   *   *

Par ses déclarations au Père Thomas Esprit en 1664, aussi bien que par le *Discours-Préface* de 1665, rédigé sous sa direction, La Rochefoucauld a voulu lier ses *Maximes* à un aspect majeur du mouvement janséniste. Il s'agit d'une polémique autour de la question du salut des païens, soulevée par l'*Augustinus* de Jansénius (1640), et ravivée en 1642 par une oeuvre habile de François de La Mothe le Vayer, intitulée *De la vertu des païens* (1642).[21] Au fond, ce débat roulait sur la possibilité d'une morale naturelle que les ennemis du jansénisme naissant, menés sous main par le cardinal de Richelieu, opposaient aux théories de Jansénius sur la toute-puissance de la grâce. Pour Jansénius, la question n'était plus de montrer l'insuffisance des vertus païennes sur le chemin du salut, comme l'avaient fait saint Augustin et saint Thomas, mais plutôt d'établir la fausseté de toute vertu qui ne provenait pas de la grâce. Le Père Antoine Sirmond, que Pascal allait attaquer parmi d'autres écrivains jésuites dans sa Xe *Lettre provinciale*, avait déjà combattu de manière générale le refus janséniste de toute vertu non conditionnée par la grâce dans sa *Défense de la vertu* (1641). Le traité de La Mothe le Vayer, tout en poursuivant les thèses générales du Père Sirmond, en différait néanmoins de façon importante. Il était conçu d'abord comme un ouvrage laïque, destiné à propager une réfutation des vues jansénistes dans le grand public. Sa réimpression dans les *Oeuvres* publiées en 1654 sous la direction de La Mothe le Vayer fils est notable à cet égard, surtout puisqu'un exemplaire des *Oeuvres* figurait dans la bibliothèque de La Rochefoucauld à Paris.[22] En deuxième lieu, La Mothe le Vayer a ramené le débat du plan général où le Père Sirmond l'avait placé au cas particulier des philosophes païens, qui illustrait si admirablement la thèse de la vertu naturelle. Par conséquent, les deux ouvrages offraient une défense très complète de cette thèse, comme s'en rendit compte Antoine Arnauld, qui les attaqua ensemble dans ses thèses pour le doctorat de Sorbonne; et puis, séparément, dans deux écrits de la même année: l'*Extrait de quelques erreurs et impiétés contenues dans un livre intitulé La défense de la vertu*, dirigé contre le Père Sirmond, et *De la nécessité de la foi en Jésus-Christ pour être sauvé; où on examine si les païens et les philosophes, qui ont eu la connaissance d'un Dieu, et qui ont moralement bien vécu, ont pu être sauvés sans avoir la foi en Jésus-Christ*, contre La Mothe le Vayer.[23]

A l'origine, donc, du projet initial de La Rochefoucauld et de J. Esprit, il y avait un débat théologique déjà ancien de dix-sept années en 1659. Sans doute la question du salut des païens était toujours d'actualité dans le salon de Mme de Sablé, fréquenté, comme on le sait, par Arnauld lui-même parmi d'autres représentants du parti janséniste. En outre, La Rochefoucauld était lié d'amitié avec la famille Arnauld, et il connaissait peut-être les vues du célèbre docteur sur ce sujet pour les avoir entendu discuter.[24] Mais il est beaucoup plus probable que c'était là un des intérêts d'Esprit qui, versé dans les questions théologiques qui ont dû être plus ou moins étrangères à La Rochefoucauld, aurait réussi à intéresser le duc à cette polémique. Le contenu de *La Fausseté des vertus humaines*, pour ne pas dire son titre seul, montre bien qu'Esprit s'occupait de ce débat et que son ouvrage en fait partie, malgré ses protestations dans la *Préface*:

> . . . je n'entre pas dans ces contestations des théologiens, qui mettent en question si les sages païens se sont proposé l'honnêteté et la droiture de la vertu dans quelques-unes de leurs actions. Le point de cette controverse ne fait rien au sujet de ce livre, puisqu'on ne juge point des hommes sur ce qu'ils peuvent faire, mais sur ce qu'ils font ordinairement. Or tout le monde est d'accord que c'est par intérêt, ou par vanité, qu'ils agissent pour l'ordinaire.[25]

Faut-il croire que La Rochefoucauld se soit familiarisé de même qu'Esprit avec la littérature qui avait trait à la polémique de 1641–1642? Nous ne le pensons pas, bien qu'on ait proposé récemment le livre de La Mothe le Vayer comme une source surtout négative des *Maximes*.[26]

Rien ne permet, bien sûr, d'exclure la possibilité que La Rochefoucauld ait lu ce traité. Mais étant donné l'absence d'une influence directe sur les *Maximes* elles-mêmes, il vaut mieux chercher dans le livre de La Mothe le Vayer, aussi bien que dans la réfutation d'Arnauld, le climat moral qui a influé sur l'élaboration des *Maximes*.

De la vertu des païens présente une démonstration à la fois longue et laborieuse d'une thèse assez subtile. Forcé de reconnaître, après saint Thomas et le Concile de Trente, que personne n'a été sauvé sans la foi, l'auteur propose de distinguer entre deux espèces de foi: la foi explicite, nécessaire après la venue du Christ, et la foi implicite, admise selon lui par les Pères pour opérer le salut des Hébreux qui ont bien vécu avant la venue du Christ. "Or cela supposé," écrit-il, "et cet obstacle levé du défaut de la foi, on rapporte une infinité d'autorités et de raisons pour prouver que rien ne nous doit empêcher de croire que ceux d'entre les païens qui ont fait profession de suivre la vertu . . . n'aient pu, assistés d'une grâce spéciale de Dieu, parvenir à la félicité des bienheureux."[27] Une fois proposée cette défense des païens, La Mothe le Vayer aborde l'étude des vies et des doctrines des sages de l'antiquité, visant toujours le même but, malgré mille précautions. Il s'agit en effet, comme l'a signalé M. René Pintard, de "... montrer la sagesse antique réussissant par ses seules ressources à organiser la conduite et à former des hommes dignes des faveurs d'En-haut: bel encouragement pour la morale indépendante et païenne dont il s'est, il y a onze ans déjà [dans les *Dialogues*] montré l'adepte."[28]

Les intentions secrètes de La Mothe le Vayer n'ont pas échappé à son adversaire Arnauld, qui réagit vivement dans sa réfutation contre l'aspect subversif de ce traité:

> Ce qu'il est très important de remarquer, c'est que s'il y eut jamais temps où il fut nécessaire, non pas de médire des philosophes païens, ... mais de découvrir leurs vices et la fausseté de leurs vertus, c'est celui où nous vivons, puisqu'il n'y eut jamais un si grand nombre de libertins et d'impies, qui ne travaillent secrètement qu'à renverser, au moins dans les coeurs et dans les esprits, la religion chrétienne, pour en introduire une à leur mode, qui ne consiste qu'à reconnaître un premier auteur de l'univers, et à vivre selon la nature toute pure . . ."[29]

Ce recul d'effroi ne surprend pas de la part d'un théologien tel qu'Arnauld, empressé de signaler toute déviation dangereuse de l'orthodoxie. N'empêche qu'on se demande si c'était là l'attitude de La Rochefoucauld. Soit qu'il ait lu le traité de La Mothe le Vayer, soit qu'il ait connu ses opinions de seconde main, ce qui a dû l'intéresser bien plus que les interprétations diverses des écrits patristiques ou des morales de l'antiquité, c'est le différend qui se remarque dans cette polémique sur la motivation qui distingue le vice de la vertu.

Au fond de la réhabilitation des sages païens projetée par La Mothe le Vayer se trouve un rationalisme qui, pour être tempéré, ne laisse pas d'être frappant. "Les païens," déclare-t-il, "qui ont vécu vertueusement suivant les lumières du droit de nature et soumettant leur libre arbitre à la raison ont fait tout ce qui était de leur pouvoir, puisqu'ils ne connaissaient point d'autre loi que la naturelle. On doit donc croire que Dieu ne leur a pas dénié sa grâce, ni son assistance, et par conséquent qu'ils peuvent être du nombre des bienheureux'' (p. 35). La Mothe le Vayer arrive ainsi à se poser en défenseur de l'Ecole, selon laquelle la raison détermine la qualité morale d'un acte en embrassant ou en repoussant les passions qui incitent la volonté à agir. Il n'est guère surprenant alors de le voir traiter avec prédilection des doctrines stoïciennes, d'abord dans un chapitre sur Zénon et la secte stoïque, ensuite dans un autre chapitre sur Sénèque, un des maîtres à penser de sa jeunesse.[30]

L'attention particulière donnée par La Mothe le Vayer aux écrits des stoïciens est très significative puisqu'elle laisse voir la vraie nature de la polémique de 1641–1642. En se centrant sur les stoïciens, qu'Arnauld lui-même est forcé d'appeler "les plus vertueux des philosophes" (p. 126), le débat se révèle comme une confrontation de deux attitudes opposées sur la capacité de l'homme naturel d'atteindre la vertu. Tandis que La Mothe le Vayer affiche une admiration presque sans réserve pour la morale rationaliste si exemplairement illustrée par les écrits des stoïciens, Arnauld dirige ses coups les plus durs contre eux:

> . . . il ne faut pas se laisser éblouir au faux lustre de leurs actions éclatantes; mais plutôt s'arrêter à l'esprit dont elles ont été animées. Car on verra alors qu'ils n'ont le plus souvent agi que par eux-mêmes, et pour eux-mêmes; qu'ils se sont mis en la place de Dieu, et ont voulu être seuls le principe et la fin de leurs bonnes actions; qu'ils ont considéré la raison comme la règle souveraine de leur devoir, leur volonté comme la maîtresse absolue des passions et des vices, et leur grandeur et l'éclat de leur vertu morale comme la fin qui la leur faisait embrasser (p. 120).

Ainsi la question initiale du salut des philosophes païens a vite débouché sur une attaque contre l'influence envahissante du stoïcisme—polémique autrement importante, qui n'allait pas se restreindre aux théologiens et érudits seuls, comme en témoignent les écrits de Pascal et de La Rochefoucauld.

On sait que la Renaissance en France, surtout finissante, a vu un renouveau majeur du stoïcisme. Adaptée comme philosophie par des écrivains tels que Guillaume du Vair et Juste Lipse, la pensée du Portique a trouvé en même temps une place importante dans la littérature mondaine de l'époque, tout particulièrement dans les *Essais* de Montaigne. La force ainsi accrue du stoïcisme fut reçue en héritage par le dix-septième siècle débutant, et surtout par Charron, dont la *Sagesse* a propagé l'intérêt porté par la Renaissance à la pensée stoïcienne. Malgré sa transformation aux mains des apologistes chrétiens, cette pensée continuait à exercer une influence directe, grâce à de nombreuses éditions et traductions de Sénèque et d'Epictète qui s'offraient au grand public.

Dans la fermentation des idées qui en resultait, c'est Sénèque, paraît-il, qui a joui du plus grand prestige.[31] Vite accepté en France à cause de certaines analogies entre sa doctrine et le christianisme, Sénèque dut sa popularité à la présentation d'une morale optimiste et héroïque dans ses oeuvres. C'était là l'aspect le plus séduisant de sa pensée, comme s'en rendirent compte plus tard les apologistes chrétiens qui avaient à combattre son influence. Mais en dehors de certaines attaques isolées, la pensée stoïcienne restait très estimée dans les quarante premières années du dix-septième siècle, et l'influence de Sénèque se discernait jusque dans les écrits de Jean-Pierre Camus et de saint François de Sales.

La source de l'attaque janséniste contre le stoïcisme se trouve encore dans l'*Augustinus*, où Jansénius, comme bien des écrivains après lui, s'inspire des écrits de saint Augustin pour assimiler le stoïcisme au pélagianisme, et enfin au rationalisme pur. Pour Jansénius, Sénèque, comme Pélage, a fait trop confiance à la raison en méconnaissant le péché originel de l'homme qui a vicié toutes ses facultés. Doctrine dangereuse, puisque, comme l'a expliqué H. Busson: "Si l'homme a dans sa raison assez de lumières pour se conduire, et qu'elle soit la règle du juste et de l'injuste, du mérite et du démérite . . .; si en un mot, 'la source de toutes les vertus est dans l'âme raisonnable'; alors, la révélation et la grâce sont inutiles. Le stoïcisme, c'est le rationalisme."[32]

L'acharnement des jansénistes contre le stoïcisme, et tout d'abord contre Sénèque, s'explique encore par une opposition foncière à toute laïcisation de la morale—tendance qu'ils découvraient non seulement chez les molinistes, mais aussi chez des laïques pénétrés des leçons de Sénèque. "Nous pouvons dire avec douleur et en gémissant," déclare Arnauld, "que c'est une chose étonnante que, de notre temps, nous voyons que le démon . . . inspire dans l'esprit de plusieurs chrétiens une extrême vénération pour les livres profanes de ces sages païens . . . Il semble même qu'il leur persuade que les livres saints et la morale de Jésus-Christ ne sont propres que pour les cloîtres; et que celle de Sénèque et des autres païens est beaucoup meilleure pour former un honnête homme. Que ce n'est pas être du monde que de mêler l'Evangile dans l'instruction des moeurs, et vouloir que la vertu ait son fondement dans la piété'' (p.129).

Ce qu'il faut enfin remarquer dans l'antistoïcisme janséniste, c'est l'apparition d'une nouvelle psychologie fondée sur une doctrine particulièrement pessimiste de la chute. Privé de la grâce divine, l'homme déchu est incapable de vérité et de vertu, non seulement par faiblesse, mais aussi par l'ignorance même de sa propre misère. Puisque l'orgueil a remplacé la charité comme source primaire de tous les mouvements de son âme, l'amour de soi-même s'est substitué à l'amour de Dieu. Comme l'écrit Arnauld:

La plus profonde et la plus dangereuse de toutes les blessures que nous ayons reçue par le péché originel, c'est l'orgueil, et toutes les autres n'en sont que comme des suites. C'est par cette horrible plaie que notre âme a reçu le coup de la mort, parce que c'est elle qui la sépare de Dieu, qui est son unique vie. Car étant éblouie et comme charmée de sa propre beauté, elle s'est détachée du bien éternel et immuable, pour se faire à elle-même l'objet de ses propres complaisances, et l'idole de son coeur. Cette maladie est d'autant plus dangereuse, qu'elle est plus secrète et plus cachée. C'est elle qui nous réduit dans une stupidité insensible, et qui ne nous laisse pas seulement le sentiment de notre misère . . . (p.90).

Ainsi l'orgueil se trouve doué d'une force surnaturelle dans la pensée janséniste, et ne peut être dompté chez l'homme que par la grâce.

Puisque les ruses de l'orgueil produisent des vertus qui ne sont qu'apparentes, étant dépourvues de charité, les stoïciens exemplifient mieux que toute autre école de l'antiquité la force de l'orgueil. C'est ce qu'Arnauld établit longuement dans le passage suivant:

Ils ont paru avoir des vertus éclatantes: ils ont aimé la justice et

la tempérance, ils ont été ennemis des crimes grossiers, affec-
tionnés à leur patrie, fidèles envers leurs amis, équitables envers tous les hommes, courageux envers la mauvaise fortune et
modérés dans la prospérité. Ils ont fait peu de cas des biens et
des grandeurs du monde; ils ont été fermes dans les plus grands
dangers, et dans les plus âpres douleurs, ils ont eu peu d'attache à la vie, et ils ont méprisé la mort: mais quelques
louanges qu'on leur puisse donner de ces vertus, elles tombent
par terre . . . dès qu'on n'y aperçoit point d'humilité et que l'on
voit manifestement au contraire que la plupart de ces vertus
apparentes n'ont reçu leur naissance que de l'orgueil et n'ont
enfanté que l'orgueil; et qu'ainsi, ils ne se sont portés à ces
belles actions que par cet esprit de présomption, qui les leur
représentait comme absolument dépendantes de leurs propres
forces . . . (p.123).

Ces remarques d'Arnauld illustrent admirablement la tendance
janséniste vers ce qu'on peut appeler un monisme psychologique,
selon lequel les actes s'inspirent d'une seule source, soit de l'orgueil, soit de la charité. La dichotomie radicale qui sépare l'état
de grâce et l'état de nature reparaît par la suite dans toute motivation humaine; l'orgueil exclut la charité, comme l'amour de soi
exclut l'amour de Dieu. Ainsi les considérations d'Arnauld sur
l'orgueil, provoquées par la défense de la vertu païenne chez La
Mothe le Vayer, préfigurent assez clairement la doctrine de
l'amour-propre dont La Rochefoucauld va traiter pour la première
fois en 1659,[33] bien que le terme lui-même ne figure pas dans la
polémique de 1641–1642.

On a vu, par contre, que les trois buts que se proposait le
projet initial de La Rochefoucauld et d'Esprit—à savoir, de démontrer la fausseté des vertus humaines et celles des païens en
particulier, et la nécessité de la foi chrétienne—formaient déjà à
cette époque trois éléments majeurs de l'apologétique janséniste,
où ils représentaient trois points d'application de la doctrine sur la
grâce. Autant qu'on en puisse juger, la formulation originelle du
projet initial reviendrait à Jacques Esprit, qui aurait initié La
Rochefoucauld à la psychologie janséniste, de même qu'à sa vision pessimiste de la condition humaine. Sans qu'il soit possible de
déterminer lequel des deux collaborateurs aurait conçu l'idée de

donner expression à ce projet dans des maximes, l'existence seule d'une matière partagée par tous deux permet de mettre en lumière les voies parfois parallèles, parfois divergentes, suivies par chacun après un point de départ commun. Les chapitres suivants auront donc pour but d'explorer la mise en oeuvre chez Esprit et La Rochefoucauld du programme tracé dans la lettre au Père Thomas Esprit.

CHAPITRE II

LA FAUSSETE DE LA VERTU DES PAIENS: L'ANTISTOÏCISME ET LA REFUTATION DE SENEQUE

Dès 1640, l'offensive montée par le jansénisme contre le stoïcisme est allée en s'élargissant, jusqu'à ce que ses réfutations du Portique quittent le domaine de la théologie pour influer sur l'opinion des gens du monde. Le déclin rapide du stoïcisme après 1660 et l'acharnement général contre Sénèque, un des grands maîtres à penser de l'époque précédente, révèlent la présence d'un nouvel esprit moral chez les contemporains de La Rochefoucauld, qu'il a, un des premiers, saisi et exploité. Il semble même que la gravure dont il a orné l'édition de 1665, et qui montrait un Sénèque hargneux, démasqué par l'Amour de la vérité, ait lancé une espèce de vogue, puisqu'elle allait inspirer les frontispices du *Manuel d'Epictète* de Coquelin et de la première édition des *Satires* de Boileau, avant de reparaître en 1678 dans *La Fausseté des vertus humaines.*[1] L'antistoïcisme commun à la fois au duc de La Rochefoucauld et au janséniste Jacques Esprit semble reproduire de la sorte une sympathie plus générale entre la vision pessimiste de la condition humaine promulguée par le jansénisme et le désenchantement envers toute forme d'héroïsme chez la génération qui avait fait la Fronde. Comme si l'histoire s'est avisée de venir à l'appui de l'image augustinienne de l'homme, l'idéalisme de l'époque Louis XIII avait sombré dans le jeu effréné des intérêts qui avait ranimé et terminé trois fois de suite la guerre civile. Ainsi l'intention de La Rochefoucauld de discréditer la pensée du Portique et celle de Sénèque en particulier ne s'explique pas seulement par l'intérêt qu'Esprit, en tant que janséniste, aurait pu communiquer à son ami. L'attrait initial du duc vers cet aspect de la polémique janséniste a dû provenir tout d'abord de son désir de réfuter la psychologie stoïcienne et d'en formuler une nouvelle, dont les principes, tirés de son expérience personnelle, coïncidaient avec l'image janséniste de l'homme déchu. Le "portrait du coeur de l'homme" que La Rochefoucauld et Esprit se proposaient de peindre vers 1659 se doublait donc d'un refus de la morale la plus prestigieuse de l'époque précédente—refus qui allait se montrer sous la forme d'un projet de démystification.

On a déjà signalé que J. Esprit s'est nourri, dès sa jeunesse, des belles-lettres de l'antiquité, et qu'il était éminemment qualifié, grâce à sa familiarité avec les grandes philosophies classiques, à entreprendre une réfutation des sages. Comme le révèlent certains passages de son livre, cette entreprise se fondait chez lui sur la conviction que le salut des sages païens était inconcevable. "Qui ne sera étonné," écrit-il, "des erreurs et des égarements des grands hommes du paganisme, puisque les plus éclairés et les plus sages d'entre eux se sont montrés si fort aveugles dans les importantes actions de leur vie, qu'il est visible qu'ils étaient tombés en sens réprouvé . . ." (II, p. 261). De même qu'Arnauld, Esprit souligne le danger pour le christianisme que présente toute admiration trop vive pour les écrits moraux de l'antiquité, et la nécessité d'y porter remède: "Il est étrange en vérité qu'il y ait des chrétiens si préoccupés de l'estime qu'ils ont pour les anciens philosophes, qu'ils représentent leurs vertus non seulement comme des vertus véritables, mais encore comme des vertus parfaites et sublimes; et qu'ils ne s'aperçoivent pas que cette opinion impie rend la venue de Jésus-Christ inutile et anéantit le mérite et le fruit de sa passion" (II, p.394).

En dépit du but édifiant de son examen des morales païennes, Esprit ne laisse pourtant pas d'approuver certains avis de Platon, d'Aristote, et de Socrate, qu'il cite à maintes reprises.[2] Même plus notable à cet égard est son attitude envers Sénèque. Le frontispice de *La Fausseté des vertus humaines*, comme celui de l'édition princeps des *Maximes*, donne à penser que l'ouvrage présentera avant tout une critique de Sénèque et du stoïcisme, et en fait, la morale de Sénèque est très censurée dans certains chapitres, tels que celui sur le mépris de la mort (tome 2, chapitre 12), ou sur "la patience à l'égard des maladies et de la douleur" (tome 2, chapitre 22). Néanmoins, Esprit ne laisse pas de le citer partout, et même de se servir quelquefois de ses opinions pour exprimer les siennes propres.[3] Son attitude paraît être qu'il est possible de garder certains aspects accessoires des morales classiques en attaquant l'essentiel, puisque les pires erreurs des païens portaient moins sur la question des devoirs, que sur le pouvoir de l'homme de les remplir.

Or, l'intérêt de cette attitude d'Esprit, c'est qu'elle va reparaître dans la matière qu'il a partagée avec La Rochefoucauld, de même que ses connaissances vont influer en partie sur la constitution de cette matière. En effet, l'étude des écrits de l'antiquité faite par La Rochefoucauld fut limitée par une circonstance importante et quelquefois perdue de vue: c'est que le duc ne connaissait pas assez le latin pour lire et comprendre des textes rédigés dans cette langue. Edmond Dreyfus-Brisac, auteur d'un ouvrage toujours consulté sur les sources des *Maximes*, n'a pas hésité à croire que La Rochefoucauld était versé dans le latin.[4] Cependant la première ébauche d'une lettre du moraliste à un contemporain inconnu démontre clairement le contraire.[5] Ayant reçu des vers latins à juger, La Rochefoucauld les a renvoyés à son correspondant en lui disant d'abord: "Comme je n'entends pas le latin . . .". Pour atténuer cette confession trop franche de son ignorance, il a ensuite biffé le début de la phrase pour écrire: "Je n'entends pas assez le latin pour oser m'en mêler." Si donc La Rochefoucauld a étudié certains auteurs latins ou grecs, c'était en se servant des traductions.

Il y a aussi des indices que certaines maximes du manuscrit de Liancourt qu'on rapprocherait avec raison des auteurs de l'antiquité ont été fournies, non pas par ces auteurs, mais par Esprit. Ainsi la maxime 128 ("La vraie éloquence consiste à dire tout ce qu'il faut, et à ne dire que ce qu'il faut"), qui donnera la maxime 250 de 1678, reparaît dans l'ouvrage d'Esprit, où sa source est indiquée: ". . . la perfection de l'éloquence, ainsi que dit Quintilien, consiste à dire tout ce qu'il faut, et à ne dire précisément que ce qu'il faut" (I, pp. 314-315). De même la maxime 36 du manuscrit ("La valeur dans les simples soldats est un métier périlleux qu'ils ont pris pour gagner leur vie") se retrouve chez Esprit, qui l'appuie en citant Aristote: ". . . les soldats vendent leur vie à la guerre pour vivre, comme les domestiques vendent leur travail et leur liberté. 'Les soldats,' dit Aristote, 'donnent leur vie pour la solde et pour l'espérance du butin . . .'" (II, pp.170-171). On peut noter enfin que la maxime 51 du manuscrit, qui définit la pitié comme "un sentiment de nos propres maux dans un sujet étranger" et "une prévoyance habile des malheurs où nous pouvons tomber, qui nous fait donner des secours aux autres" revient aussi dans l'ouvrage d'Esprit (". . . la pitié est un sentiment secrètement intéressé; c'est une prévoyance habile, et on peut l'appeler fort proprement la providence de l'amour-propre . . .'') qui cite encore Aristote à ce propos: '''La pitié,' dit-il, 'est une douleur que nous sentons des disgrâces et des afflictions qui arrivent aux autres, dans la créance que nous avons qu'elles pourront quelque jour nous arriver à nous-mêmes''' (I, pp. 373-374).

Si La Rochefoucauld semble avoir mis à profit ici les connais-sances de son collaborateur, il est néanmoins probable qu'il est allé directement aux oeuvres de Sénèque, et qu'il les a étudiées dans la grande traduction de Malherbe et de Pierre Du Ryer, publiée entre 1658 et 1659.[6] La maxime 160 du manuscrit de Liancourt (''Nous craignons toutes choses comme mortels, et nous désirons toutes choses comme si nous étions immortels'') ne se trouve pas chez Esprit. Elle paraît plutôt venir directement d'un passage du traité *De la brièveté de la vie*, traduit ainsi dans les *Oeuvres*: ''Vous ne vous souvenez jamais de votre fragilité; vous ne prenez point garde combien il s'est passé de temps; . . . vous craignez toutes choses comme étant mortels, et vous désirez toutes choses comme si vous étiez immortels . . .'' (II, 3, p.282). Etant donné que La Rochefoucauld a probablement lu cette traduction des *Oeuvres* de Sénèque, la date de leur publication indique qu'il eût commencé cette lecture vers 1658.[7]

Certains aspects de l'autoportrait laissent croire également que l'intérêt suscité chez La Rochefoucauld par l'oeuvre de Sénèque date au plus tard de cette année. Quand le duc y écrit, par exemple, que ''la conversation des honnêtes gens'' est un des plaisirs qui le touchent le plus, et qu'il aime ''qu'elle soit sérieuse et que la morale en fasse la plus grande partie'' (p.255), il reprend un des préceptes donnés par Sénèque dans la 6e *Lettre à Lucilius*: ''Sachez néanmoins que vous ne profiterez jamais tant de la lec-ture des livres que de la vive voix, et de la conversation des honnêtes gens'' (I, 1, p.219).[8] L'évidence que La Rochefoucauld pratiquait déjà Sénèque vers 1658 et subissait son influence paraît même plus concluante si l'on considère l'ensemble de ses remar-ques dans l'autoportrait sur la pitié et l'amitié (pp.256-257). Ces remarques s'y trouvent dans un passage ayant pour but de montrer que des passions telles que la colère et la haine, l'ambi-tion et la crainte de la mort, ne troublent pas l'auteur.

Or, La Rochefoucauld semble reprendre ici des idées de Sénèque, souvent réitérées, sur l'insensibilité du sage. Ainsi écrit-il de la pitié: "Je suis peu sensible à la pitié et je voudrais ne l'y être point du tout. Cependant il n'est rien que je ne fisse pour le soulagement d'une personne affligée; et je crois effectivement que l'on doit tout faire, jusques à lui témoigner même beaucoup de compassion de son mal . . . mais je tiens aussi qu'il faut se contenter d'en témoigner et se garder soigneusement d'en avoir." Sénèque écrit de même dans son traité *De la clémence*: "Le sage n'a donc point de compassion parce qu'il n'est point touché des misères; néanmoins, il ne laisse pas de faire librement et avec un esprit désintéressé ce que feraient avec douleur tous ceux qui se laissent toucher par la compassion des peines d'autrui" (II, 3, p. 214). La condamnation forte de la pitié faite par La Rochefoucauld au même endroit a souvent donné à rêver à ses critiques: "C'est une passion qui n'est bonne à rien au-dedans d'une âme bien faite, qui ne sert qu'à affaiblir le coeur et qu'on doit laisser au peuple qui, n'exécutant jamais rien par raison, a besoin de passions pour le porter à faire les choses." Toutefois, La Rochefoucauld ne fait que répéter ici la condamnation de Sénèque, qui considère la pitié comme "un vice de l'âme" et qui écrit, toujours dans son essai *De la clémence*: "Or cette espèce de maladie ne peut tomber dans l'esprit du sage, car il est toujours tranquille, et il ne saurait rien arriver ou d'imprévu ou d'inopiné, qui soit capable de le troubler" (II, 3, pp. 212–213).

Il se peut que La Rochefoucauld suive ici l'avis d'Esprit qui condamne la pitié, aussi bien que Sénèque, comme "un amollissement de l'âme" et qui oppose cette émotion à la charité: ". . . la compassion naturelle est un sentiment inquiet, inégal, et intéressé; aussi est-ce une chose bien différente d'être touché de pitié et d'être attendri par la charité. La charité rétablit le pouvoir de la raison dans l'homme; la pitié l'affaiblit . . ." (I, p. 386). Mais outre que le ton de La Rochefoucauld se rapproche beaucoup plus de celui de Sénèque, les idées sur l'amitié qui font suite à celles sur la pitié dans l'autoportrait semblent encore faire écho aux opinions de Sénèque, et suivre le concept de l'insensibilité du sage. "J'aime mes amis," déclare le duc, "et je les aime d'une façon que je ne balancerais pas un moment à sacrifier mes intérêts aux leurs. J'ai de la condescendance pour eux; je souffre patiemment leurs mauvaises humeurs et j'en excuse facilement toutes choses; seulement je ne leur fais pas beaucoup de caresses, et je n'ai pas non plus de grandes inquiétudes en leur absence.'' Il n'y a rien de semblable chez Esprit, tandis que Sénèque, de son côté, admet qu'encore que le sage se suffise, il aime avoir un ami, mais qu'il peut s'en passer et se contenter de soi-même, n'en ayant pas (I, 1, p.228).[9]

L'apparition dans l'autoportrait de ces souvenirs littéraires des oeuvres de Sénèque est assez curieuse. Car l'autoportrait est censé enregistrer les résultats d'une analyse personnelle, et le moraliste s'y attribue une certaine perspicacité dans l'observation de soi-même: ''. . . je me suis assez étudié pour me bien connaître, et je ne manque ni d'assurance pour dire librement ce que je puis avoir de bonnes qualités, ni de sincérité pour avouer franchement ce que j'ai de défauts'' (p.254). Néanmoins, La Rochefoucauld s'est laissé guider par Sénèque dans la présentation du jugement moral qu'il porte sur lui-même; et l'influence de Sénèque reparaîtra chez lui, de même que chez Esprit, quand il aborde l'étude de l'homme dans ses *Maximes*.

On peut en juger par un rapprochement des idées des trois auteurs sur l'hypocrisie dans les afflictions. Sénèque a traité de la tristesse produite par la perte des êtres chers, non seulement dans ses *Consolations*, mais aussi dans la *Lettre* 63 à Lucilius, qui contient un résumé de ses idées sur ce sujet. En essayant de convaincre d'excès les afflictions prolongées, Sénèque démontre la part qu'une hypocrisie subtile peut y avoir. ''Voulez-vous savoir,'' demande-t-il, ''d'où viennent tant de lamentations et de gémissements démesurés? Nous voulons prouver que nous sommes extrêmement ennuyés de la perte que nous avons faite, et ne nous lâchons pas tant à la douleur pour la douleur même, que pour donner opinion que nous en avons beaucoup. Nous ne sommes point tristes pour nous, mais pour autrui. Nos douleurs ont leur vanité comme nos autres actions'' (I, 2, p.386).

Cette analyse de Sénèque paraît avoir frappé La Rochefoucauld et Esprit, qui l'ont développée en détail. Chez La Rochefoucauld, elle a trouvé expression dans la maxime 17 du manuscrit de Liancourt (''Quelque prétexte que nous donnions à nos afflictions, ce n'est que l'intérêt et la vanité qui les causent''); et encore dans la maxime 116 du même texte: ''Nous ne regrettons pas la perte de nos amis selon leur mérite, mais selon nos besoins et l'opinion que nous croyons leur avoir donnée de ce que nous valons.''

Esprit reprend cette idée de Sénèque dans son chapitre intitulé "De la douleur de la mort des proches et des amis." Il s'y occupe, comme le moraliste romain, de l'hypocrisie envers soi-même et autrui dans les afflictions, mais essaye d'approfondir les analyses de celui-ci. Selon Esprit, on pleure la perte "de nos plaisirs et de nos avantages" dans la perte de quelqu'un qui nous estimait. C'est là une espèce de vanité générale, susceptible de plusieurs gradations qu'Esprit s'efforce de détailler: "L'on a bien plus de peine à comprendre qu'on tire vanité de l'affliction; cependant il y a des personnes qui se montrent outrées de douleur lorsque leurs amis meurent, pour se faire remarquer et se distinguer des autres. Il y a une autre espèce de gens qui affectent d'être tendres et sensibles à la perte de leurs amis, afin qu'on soit tendre pour eux et qu'on prenne part à leurs déplaisirs" (I, pp. 391–392). On reconnaîtra ici le mouvement général qui caractérise le début de la maxime 57 du manuscrit de Liancourt: "Il y a une espèce d'hypocrisie dans les afflictions, car, sous prétexte de pleurer une personne qui nous est chère, nous pleurons les nôtres, c'est-à-dire la diminution de notre bien, de notre plaisir ou de notre considération. De cette manière les morts ont l'honneur des larmes qui coulent pour les vivants. J'ai dit que c'est une espèce d'hypocrisie parce que par elle l'homme se trompe seulement lui-même. Il y en a une autre qui n'est pas si innocente et qui impose à tout le monde: c'est l'affliction de certaines personnes qui aspirent à la gloire d'une belle et immortelle douleur . . .". Comme Esprit, La Rochefoucauld se plaît dans la maxime suivante à préciser ces différentes espèces d'hypocrisie: "Outre ce que nous avons dit, il y a encore quelques autres espèces de larmes qui coulent de certaines petites sources et qui par conséquent s'écoulent incontinent; on pleure pour avoir la réputation d'être tendre, on pleure pour être pleuré, et on pleure enfin de honte de ne pas pleurer."

Ce qui distingue encore les analyses d'Esprit et de La Rochefoucauld de celle de Sénèque, c'est leur examen du cours que prend l'affliction chez les femmes ambitieuses de leur temps. Ainsi, selon La Rochefoucauld, l'aspiration à "une belle et immortelle douleur" est "une triste et fatigante vanité" qui "se trouve pour l'ordinaire dans les femmes ambitieuses, parce que, leur sexe leur fermant tous les chemins à la gloire, elles se jettent dans celui-ci, et s'efforcent à se rendre célèbres par la montre

d'une inconsolable douleur." *Esprit* se moque également des
". . . héroïnes d'affliction, qui, à la mort de leurs maris, forment
le dessein de rendre leur douleur immortelle, afin de se signaler . . ." (I, p. 393); et des "femmes ambitieuses" qui ". . . se
mettent dans l'esprit qu'il est beau d'égaler la durée de leur deuil
à celle de leur vie, et choisissent cette triste et fatigante voie pour
acquérir de la réputation" (I, p. 395).[10] Encore faut-il noter que
l'idée que le temps amortit toute souffrance, et qu'on peut à bon
droit satiriser toute prétention à "une belle et immortelle douleur"
vient aussi de Sénèque, qui écrit dans la *Lettre* 63: "Quand elle
[la douleur] est récente, elle trouve des consolateurs; mais quand
elle est vieille, le monde s'en moque et justement, car il y a de la
simulation ou de la folie" (I, 2, pp. 387–388).

Les maximes du manuscrit de Liancourt qui analysent l'hypocrisie dans les afflictions ne sont pas les seules qui semblent avoir
été inspirées par la lecture de Sénèque. A celles-ci il faut joindre
une série de sentences sur l'ingratitude, qui n'ont pas d'équivalent
dans l'oeuvre d'*Esprit*, et qui ont dû être rédigées indépendam-
ment par La Rochefoucauld. Dans le deuxième livre de son traité
Des bienfaits, Sénèque explore les différentes sortes d'ingratitude.
Certains ingrats, déclare-t-il, ". . . disent plus de mal de ceux qui
leur ont fait plus de bien. Il en est qu'il vaut mieux offenser
qu'obliger; ils cherchent en la haine un témoignage de ne devoir
rien" (I, 1, p. 39). Le duc arrive à la même conclusion dans la
maxime 244 du manuscrit, tout en l'appliquant à l'homme en
général: "Il n'est pas si dangereux de faire du mal à la plupart des
hommes que de leur faire trop de bien." Dans le livre 4 de son
traité, Sénèque énonce le précepte suivant: ". . . qui se dépêche
de rendre n'a pas l'esprit d'un homme reconnaissant, mais d'un
débiteur, et pour le dire en un mot, toute impatience de payer
montre qu'on ne doit pas de bon coeur, et qui ne doit pas de bon
coeur est ingrat . . ." (I, 1, p. 115). Dans la maxime 230 du
manuscrit, La Rochefoucauld condense ce développement en une
sentence semblable, mais moins explicite: "On est souvent reconnaissant par principe d'ingratitude."[11] Cette maxime, ainsi que la
maxime 170 du manuscrit, malgré le fait que celle-ci nie l'existence de la vraie reconnaissance ("Plusieurs personnes s'ac-
quittent des devoirs de la reconnaissance, quoiqu'il soit vrai de
dire que personne n'en a effectivement"), peut être comparée au
principe de Sénèque selon lequel l'ingratitude, comme la recon-

naissance, doit être définie par l'attitude morale du bénéficiaire, plutôt que par ses actes.[12]

Il est évident, d'après l'analyse précédente, que la tentative de Sénèque de dégager certaines lois psychologiques de la conduite morale a intéressé La Rochefoucauld et Esprit, jusqu'au point même que ceux-ci ont adopté plusieurs conclusions du moraliste stoïcien. Quant à Esprit, ces emprunts n'ont rien de surprenant, vu qu'il puise librement dans tous les écrits des anciens. Les rencontres de pensée entre La Rochefoucauld et Sénèque, pour être plus rares, ne laissent pas d'être plus intéressantes, et ne sont pas toutes dues à Esprit. L'utilisation des écrits de Sénèque dans les *Maximes* ne s'explique pas seulement par le fait que Sénèque avait scruté certains problèmes moraux qui préoccupaient le duc, mais aussi parce que Sénèque adoptait en posant ces problèmes une certaine optique dont La Rochefoucauld allait se servir à son tour. Un contemporain inconnu, dont le jugement défavorable sur les *Maximes* a été conservé dans les Portefeuilles Vallant, l'a proposé dès l'époque de la consultation organisée par Mme de Sablé: "Il [c'est-à-dire l'auteur] affecte dans ses divisions et dans ses définitions, subtilement, mais sans fondement inventées, de passer pour un Sénèque, ne prenant pas garde néanmoins que celui-ci, dans sa morale, tout païen qu'il était, ne s'est jamais jeté dans cette extrémité que de confondre toutes les vertus des sages de son temps, ni de les faire passer pour des vices . . ." (p. 575).

En effet, il n'est pas impossible que la méthode analytique suivie par Sénèque ait aidé à façonner celle pratiquée par La Rochefoucauld dans son recueil. L'importance attachée par Sénèque au côté pratique, plutôt que théorique, de la morale, son refus des subtilités métaphysiques, et surtout son utilisation d'une casuistique basée sur l'expérience et l'observation ont dû retenir l'attention de La Rochefoucauld, dont la pensée suit les mêmes lignes.[13] L'usage chez Sénèque du cas de conscience est très fréquent; il aime choisir un sujet moral assez large, tel que la clémence, la colère, ou les bienfaits, pour en explorer tous les aspects. En postulant des situations morales hypothétiques, donc variées, Sénèque espère cerner autant que possible certains problèmes moraux qui sont particulièrement complexes. Le procédé, on le voit, est essentiellement rationaliste, dans le sens qu'il essaye de classer, de définir, et de figer certains rapports humains qui semblent d'abord instables et changeants.[14]

De telles variations sur un thème moral ne sont évidemment pas étrangères aux *Maximes*, et on a déjà examiné le rôle que Sénèque a pu jouer dans la formulation d'une série de sentences sur l'ingratitude. Ce n'est pas dire que d'autres maximes du duc qui appartiennent à cette même série ne sont pas de son propre cru. Au contraire, les maximes 8, 100 et 181 du manuscrit de Liancourt présentent des développements originaux sur le thème de l'ingratitude. Néanmoins, la méthode analytique suivie par La Rochefoucauld se rapproche toujours de celle de Sénèque, puisqu'elle prend comme son point de départ l'observation concrète du moraliste. La maxime 8 du manuscrit en offre un exemple particulièrement frappant en ce qu'elle spécifie exactement le champ d'observation en question. Ici, au lieu de parler des hommes en général, comme il le fera dans les éditions de 1664 et de 1665, La Rochefoucauld a écrit: "Les Français ne sont pas seulement sujets, comme la plupart des hommes, à perdre également le souvenir des bienfaits et des injures, mais ils haïssent ceux qui les ont obligés; l'orgueil et l'intérêt produit partout l'ingratitude; l'application à récompenser le bien et à se venger du mal leur paraît une servitude à laquelle ils ont peine de s'assujettir." Cette maxime illustre plus clairement qu'aucune autre la démarche typique de la pensée du moraliste, semblable à celle de Sénèque dans son mouvement du cas particulier au cas général.[15] Mais elle laisse voir aussi comment l'expérience personnelle se transforme en littérature chez lui et dirige le choix et le développement des sujets moraux. La Rochefoucauld est venu aux oeuvres de Sénèque avec certaines convictions déjà formées sur l'ingratitude; c'est là un des grands thèmes des *Mémoires*. Plusieurs conclusions de Sénèque qui confirmaient ces convictions ont été adoptées pour donner une partie de la série des maximes sur l'ingratitude. Les autres maximes, néanmoins, n'ont rien à voir avec Sénèque, surtout celles qui présentent l'orgueil et l'amour-propre comme des sources de l'ingratitude. Il est possible que la lecture de Sénèque ait déclenché le noyau originel des maximes sur ce thème; rien, toutefois, ne permet de l'établir définitivement.

On a observé jusqu'ici une certaine imitation limitée de Sénèque chez La Rochefoucauld, qui admirait, comme Esprit, plusieurs diagnostics probants du stoïcien, aussi bien que son aptitude à révéler le mécanisme des passions qui se cachent. Les ressemblances déjà notées entre leurs examens respectifs de certains problèmes moraux, tels que l'ingratitude et l'hypocrisie dans les afflictions, ont suggéré une ressemblance de méthode analytique, cette méthode ayant pour but chez tous deux de découvrir les rapports entre les intentions et les actes. Toutefois, si La Rochefoucauld a subi l'influence de Sénèque pendant un certain temps, la durée de cette influence a dû être brève, et le duc a vite voulu en éliminer toute trace. La preuve s'en trouve dans la suppression de la maxime 62 du manuscrit de Liancourt avant la publication de l'édition princeps.[16]

La condamnation stoïcienne des richesses chez le sage avait provoqué initialement deux maximes contradictoires de La Rochefoucauld, pour la raison bien simple qu'il a hésité devant cette idée entre deux positions opposées. Sénèque avait blâmé la recherche des richesses chez le sage puisqu'elle indiquait chez lui un attachement excessif aux biens terrestres. De son côté, Esprit ne voyait dans cette condamnation qu'un stratagème de l'orgueil:

> Voilà l'artifice qu'il [l'orgueil] employait à l'égard de tous les philosophes, afin que ce genre d'hommes, qui d'ordinaire n'ont ni naissance, ni valeur, et qui ne sont point capables d'affaires, pussent avoir dans le monde un rang à peu près semblable à celui des grands capitaines, des grands politiques, et des personnes de haute condition. Pour ceux qu'il trouvait dépourvus de biens, il leur mettait dans l'esprit qu'il fallait travailler à se rendre honorable *l'état d'avilissement* où les mettait la nécessité, et leur faisait entendre que pour y réussir, ils n'avaient qu'à faire profession de mépriser les richesses . . . Il leur faisait voir encore qu'ils n'avaient pas de meilleur moyen *pour se venger de l'injure que la fortune leur avait faite* en les faisant naître pauvres, que de discréditer les richesses . . . (II, p.343. C'est moi qui souligne).

Le même argument et plusieurs des mêmes termes reviennent dans la maxime 89 du manuscrit de Liancourt. ''Le mépris des richesses, dans les philosophes, était un désir caché de venger leur mérite de l'injure de la fortune par le mépris des mêmes biens dont elle les privait; c'était un secret qu'ils avaient trouvé pour se dédommager de l'avilissement de la pauvreté; c'était enfin un chemin détourné pour aller à la considération que les richesses donnent.''

Cependant, la condamnation des richesses n'était pas absolue chez Sénèque lui-même; ainsi avait-il pris leur défense dans son traité *De la vie heureuse*: ". . . Qui pourrait douter qu'un homme sage n'ait plus de moyen dans les richesses que dans la pauvreté, de montrer qu'il est généreux? Toute la vertu qu'on peut faire voir dans la pauvreté, c'est de se conserver le courage, et de ne se point laisser abattre. Au contraire, toutes les vertus paraissent parmi les richesses. La tempérance, la libéralité, la vigilance, le bon ordre, la magnificence y trouvent un champ de grande étendue" (II, 3, p.48). La Rochefoucauld s'en est laissé convaincre par ce passage, comme en témoigne la maxime 62 du manuscrit de Liancourt: "Les philosophes ne condamnent les richesses que par le mauvais usage que nous en faisons; il dépend de nous de les acquérir et de nous en servir sans crime; et au lieu qu'elles nourrissent et accroissent les vices, comme le bois entretient et augmente le feu, nous pouvons les consacrer à toutes les vertus, et les rendre même par là plus agréables et plus éclatantes." En supprimant cette concession à Sénèque avant l'édition de 1665, La Rochefoucauld a voulu rendre catégorique son refus de la pensée morale du stoïcien.

Le frontispice ironique de 1655, dont le sujet sera repris par Esprit, est même plus indicatif de ce refus, et suggère l'attitude qui l'a produit. Comme toute philosophie morale, les oeuvres de Sénèque font preuve d'un projet de démystification par moyen duquel l'auteur essaye de mieux fonder ses propres vues. Pour Sénèque, la philosophie, qui apprend la sagesse aux hommes, a pour but d'abolir le décalage entre l'être et le paraître, l'intention et l'acte, l'essence des choses et leur apparence. "Les choses," écrit-il dans sa 9e *Lettre à Lucilius*, "ont leur masque aussi bien que les personnes. Il le leur faut ôter, et les regarder en leur visage naturel" (I,1, p.280).[17] Cette recherche de la vérité qui gît derrière l'apparence trompeuse s'associe chez Sénèque à l'exposé d'une doctrine formelle, comprenant une définition préétablie de la vertu. C'est cette définition que La Rochefoucauld et Esprit vont attaquer le plus vivement, mais pour des raisons différentes, comme on le verra par la suite. Ici il suffit de signaler que Sénèque, comme les deux collaborateurs, lie le problème de l'être et du paraître au problème de la vertu et du vice. Ainsi écrit-il dans la *Lettre* 45: "Le vice me veut surprendre, et de peur que je ne le reconnaisse, il emprunte le nom de la vertu. La témérité se fait appeler valeur, la fainéantise, discrétion, et la timidité, bon jugement'' (I, 1, p.330). Dans la *Lettre* 120, Sénèque revient encore à cette ressemblance troublante entre les vices et les vertus: ''Quelquefois les vices se sont montrés sous une apparence de vertu, et la vertu a éclaté par son contraire. Car comme vous savez, les vices sont proches voisins des vertus, et dans les hommes les plus infâmes et dans les plus dissolus, il s'en trouve quelque ressemblance'' (I, 2, pp.733-734). Alors le rôle du moraliste, tel que Sénèque le conçoit, est de percer les apparences pour séparer le vrai d'avec le faux, le vice d'avec la vertu. Les prétentions de La Rochefoucauld et d'Esprit ne seront pas autres. Mais ce qu'ils ne pardonnent pas à Sénèque, c'est d'avoir mis cette recherche de l'authenticité au service d'une doctrine morale à la fois fausse et prétentieuse. Ainsi les frontispices de leurs oeuvres soulignent que le moraliste stoïcien, tout en prétendant détruire des apparences trompeuses, en a effectivement substitué d'autres à leur place, et qu'il sera démasqué à son tour.

La force directrice de la réfutation de Sénèque dressée par Esprit vient du fait qu'il oppose au stoïcisme un système de pensée tout aussi formel, étant calqué sur la doctrine augustinienne. Au fond, toute son argumentation revient au même point; c'est que les stoïciens ont méconnu la chute de l'homme, et que cette ignorance vicie toutes leurs idées sur la vertu et le vice:

> Tout le monde connaît que le coeur humain se remue, et qu'il se porte tantôt vers un objet, tantôt vers un autre: mais personne ne sait quel est l'esprit qui le pousse. C'est néanmoins de la connaissance de ce principe caché de toutes les actions humaines que dépend le jugement que nous en devons faire. Nous ne l'apprendrons pas des philosophes; ils ne doivent pas être crus sur le sujet de la vertu, parce qu'ils n'en ont eu qu'une idée fort obscure et fort imparfaite; et nous serions aussi aveugles qu'ils l'étaient, si nous espérions tirer des paroles des hommes des instructions de ce que nous devons faire pour être véritablement vertueux et pour être heureux (II, pp.114–115).

Ainsi l'opposition dressée par Esprit entre l'homme de l'Ecriture et l'homme de Sénèque typifie sa démarche habituelle, qu'il ne cesse de répéter à travers sa réfutation du philosophe: ''L'homme, dit le Saint Esprit, n'est que faiblesse, inconstance, et légèreté. Toutes ses inclinations sont dépravées; c'est un assemblage de toutes sortes de vanités, et il a l'erreur et le péché pour partage. Il n'y a, dit Sénèque, rien de si fort et de si grand que l'homme; il peut devenir bon, juste, doux, sobre, et acquérir toutes les autres vertus par sa seule force; il est même en son pouvoir de se rendre non seulement vertueux, mais encore parfaitement heureux, et par ces deux raisons, on peut le préférer à Dieu avec justice . . ." (II, p.264).

Faut-il croire que l'optique de La Rochefoucauld en abordant la réfutation de Sénèque ait été la même que celle de son collaborateur? L'auteur inconnu d'un des jugements sollicités par Mme de Sablé l'a pensé: ". . . c'est un parfaitement beau commentaire du texte de saint Augustin qui dit que toutes les vertus des infidèles sont des vices; c'est un anti-Sénèque, qui abat l'orgueil du faux sage que ce superbe philosophe élève à l'égal de Jupiter . . ." (pp.568–569). On sait, du reste, que La Rochefoucauld a confié à La Chapelle-Bessé le soin de confirmer cette impression dans le *Discours-Préface* de 1665, qui fut supprimé dès la deuxième édition. A part cette longue dissertation, qui, paraît-il, n'a pas tellement plu au duc,[18] il y a un autre document, malheureusement moins sûr, qui présente quelques propos non négligeables de La Rochefoucauld au sujet de la morale de Sénèque. Il s'agit de la lettre du chevalier de Méré à Mme la duchesse de ***, où Méré raconte une conversation qu'il a engagée un soir avec le moraliste sur la recherche du bonheur (pp.592–595).[19] Ayant admis avec Méré que le bonheur est "le but où tendent toutes les actions de la vie," La Rochefoucauld propose que la vertu "âpre et pesante" est en effet "la vertu mal entendue" et entame à ce propos une comparaison de Sénèque avec Epicure: "Je ne m'étonne pas que ce grand homme [Epicure] ait eu tant d'ennemis; la véritable vertu se confie en elle-même; elle se montre sans artifice et d'un air simple et naturel, comme celle de Socrate. Mais les faux honnêtes gens aussi bien que les faux dévots ne cherchent que l'apparence, et je crois que dans la morale Sénèque était un hypocrite et qu'Epicure était un saint."

Si l'on pouvait se fier à l'exactitude du rapport de Méré, ces lignes offriraient une clef à la pensée de La Rochefoucauld, en le mettant dans le camp épicurien. Ainsi la réfutation de Sénèque dans les *Maximes* découlerait d'une source très nette, quoiqu'inavouée; comme Esprit, La Rochefoucauld eût substitué un système de pensée—ici l'épicurisme—à un autre. Si le duc croyait, comme l'indique Méré, que le principe épicurien du plaisir assurait mieux le bonheur que la vertu des stoïciens, sa querelle avec Sénèque se centrait sur le bien suprême de l'homme:

> Vous me faites souvenir, lui dis-je, de cet admirable génie qui laissa tant de chefs-d'oeuvre d'esprit et d'invention, comme une vive lumière dont les uns furent éclairés et les autres éblouis. Mais parce qu'il était persuadé qu'on n'est heureux que par le plaisir, ni malheureux que par la douleur, ce qui me semble, à le bien examiner, plus clair que le jour, on l'a regardé comme l'auteur de la plus infâme et de la plus honteuse débauche, si bien que la pureté de ses moeurs ne le put exempter de cette horrible calomnie.—Je serais assez de son avis, me dit-il, et je crois qu'on pourrait faire une maxime, que la vertu mal entendue n'est guère moins incommode que le vice bien ménagé.

L'inconvénient de l'hypothèse précédente, c'est que la position que Méré fait adopter ici à La Rochefoucauld ne peut pas être corroborée. Elle est d'abord très proche de la sienne propre, de sorte qu'on peut soupçonner Méré d'avoir tiré La Rochefoucauld à lui. Si l'attitude que le duc exprime ici envers Sénèque est tout à fait la même que celle qui se trouve dans ses *Maximes*, rien ne permet de contrôler son éloge d'Epicure. Le problème du bien suprême de l'homme n'est pas évoqué ailleurs dans les écrits de La Rochefoucauld, si bien qu'il est nécessaire de chercher chez lui des manifestations indirectes d'une morale épicurienne. C'est là une tâche hérissée de difficultés puisque La Rochefoucauld n'a guère les aspects d'un penseur systématique, comme le développement même de son recueil en témoigne.[20]

Si l'épicurisme reste toujours une virtualité chez La Rochefoucauld, un examen de sa réfutation de Sénèque indique qu'elle ne se fonde pas sur une seule morale—soit l'épicurisme, soit l'augustinisme—mais présente plutôt un mélange original de vues qui lui sont propres. Tandis que plusieurs critiques qu'il adresse à Sénèque lui semblent être venues de sa collaboration avec Esprit, La Rochefoucauld ne s'y est pas limité; de sorte qu'en comparant l'utilisation de la matière commune chez eux, il devient possible de signaler les développements originaux du duc et ses déviations de l'optique janséniste.

La réfutation de Sénèque projetée par La Rochefoucauld et

Esprit se fonde au niveau le plus profond sur la conviction commune à tous deux que la doctrine du Portique n'est qu'une fabrication de l'orgueil humain. "Les philosophes, et Sénèque surtout." écrit La Rochefoucauld dans la maxime 59 du manuscrit de Liancourt, "n'ont point ôté les crimes par leurs préceptes, ils n'ont fait que les employer au bâtiment de l'orgueil." De même Esprit déclare, en songeant évidemment aux stoïciens: "Aussi est-ce l'orgueil qui forma tous les sages du paganisme, ces sages pour qui tant de siècles ont conservé de l'estime et de la vénération, ces hommes qui paraissaient n'avoir rien d'humain, et qui se possédaient toujours si parfaitement, qu'aucuns procédés inconsidérés, ni aucunes traverses ne pouvaient troubler leur tranquillité" (II, p.2).

Or, c'est cette accusation qui reparaît, malgré ses diversifications, au fond de toute la série de réactions négatives qui constituent les réfutations des deux collaborateurs. Tous deux critiquent, en les détachant, certaines vertus unifiées chez Sénèque par cette image du sage qui est, à la fois, le point de départ et le point culminant de son éthique. En s'attaquant à ces vertus particulières, La Rochefoucauld et Esprit visent à l'essence même de la philosophie morale de Sénèque qui est, comme l'a dit M. André de Bovis, "une doctrine de la perfection."[21]

Les vertus que Sénèque attribue au sage ne sont pas exposées systématiquement dans un seul de ses écrits; elles forment plutôt des thèmes qui reviennent tout au long de ses oeuvres, et particulièrement dans ses *Lettres à Lucilius*, où il s'érige en directeur de conscience. De toutes les vertus dont il y est question, c'est sans doute la constance du sage qui reçoit le plus d'attention. Comme vertu productrice de la liberté, Sénèque tient à souligner son importance dans une de ses premières lettres. "Apprenez," écrit-il à Lucilius, "à vivre à votre aise, en laissant à part les ennuis que vous peut apporter la sollicitude de la vie. Un bien pour grand qu'il soit ne peut réjouir celui qui le possède, s'il ne fait compte de le pouvoir perdre, et ne tient son âme préparée à cet inconvénient." Le détachement du sage doit ainsi se doubler d'un raidissement de l'âme devant les coups de la fortune qui renversent même les plus grands. "Jamais la fortune ne met un homme si haut," continue Sénèque, "qu'elle ne le menace de souffrir en soi-même ce qu'elle lui permet de faire à l'endroit des autres" (I,1, p.214).

La réponse d'Esprit à ces éloges de la constance consiste à répéter que ce pouvoir sur soi n'est qu'une "secrète force" donnée par l'orgueil: " . . . ce n'est pas sans sujet que j'ai dit . . . qu'il semble que l'orgueil empêche que les mouvements des passions ne s'élèvent dans les grands hommes, parce que dans la vérité il ne fait que les retenir et les renfermer dans l'âme" (II, p.7). La même critique reparaît dans la maxime 16 du manuscrit de Liancourt: "La constance des sages n'est qu'un art avec lequel ils savent enfermer dans leur coeur leur agitation." Toutefois La Rochefoucauld n'arrête pas là sa critique de la constance. La maxime 5 du manuscrit offre un commentaire ironique sur les exhortations à la force d'âme proférées par Sénèque: "Nous avons tous assez de force pour supporter les maux d'autrui." La raison s'en trouve dans la maxime 228 du même texte: "Les biens et les maux qui nous arrivent ne nous touchent pas selon leur grandeur, mais selon notre sensibilité." C'est donc le coeur, et non pas l'esprit, qui gouverne nos réactions aux événements imprévus, et le coeur, comme La Rochefoucauld et Esprit le montreront ailleurs, échappe à notre contrôle.[22] Ainsi une faculté déréglée se joint à la fortune pour déjouer la sagesse: "La philosophie triomphe aisément des maux passés et de ceux qui ne sont pas prêts d'arriver, mais les maux présents triomphent d'elle."[23]

Une fois la résolution contre les maux présents démontrée impossible, le duc s'acharne contre la prévoyance, remède que Sénèque prescrit au sage contre les maux absents. "Il n'y a personne," écrit ce philosophe dans sa *Lettre* 107, "qui n'ait résisté aux plus grands maux, s'il les a considérés auparavant de l'esprit et de la pensée." Par conséquent, Sénèque recommande un état d'alerte perpétuel: "Il faut faire en sorte qu'il ne nous arrive rien de subit et d'inopiné, et d'autant que toutes choses ne nous semblent fâcheuses que par leur nouveauté, la méditation que vous en ferez produira au moins cet effet, que vous ne serez point nouveau soldat dans la milice de la fortune" (I, 2, p.669).[24]

La prévoyance se révèle alors comme une des clefs de la perfection souhaitée par le sage stoïcien, et comme telle, elle reçoit une attention marquée de la part de La Rochefoucauld et d'Esprit, sous le nom de la prudence. Ainsi le début du discours de quatre-vingt-trois pages écrites par Esprit sur ce sujet rappelle de près le rôle donné par Sénèque à la prévoyance, mais c'est afin d'en montrer son inanité: "Ces effets merveilleux et innombrables de la prudence lui ont attiré *ces grands éloges* que les historiens, les poètes, et les philosophes lui donnent, et l'ont fait regarder par les sages de tous les siècles *comme une divinité.*" Ils l'ont considérée comme " . . .un entendement étranger qui fortifie et perfectionne l'entendement naturel de l'homme; c'est la raison de la raison; *c'est la maîtresse de la vie*, c'est à elle à qui tous les particuliers doivent *la sagesse de leur conduite*, toutes les familles leurs règles, et toutes les villes, leur police; c'est elle qui résidant dans l'âme des rois . . . préside à tous leurs conseils et y prononce ces oracles qui causent *la durée, la gloire, et la félicité des royaumes.*" Enfin, déclare Esprit, " . . . les sages . . . ont eu pour la prudence une manière de culte religieux, parce qu'elle leur a paru la cause visible de tous les bons événements de la vie . . . *Nullum numen abest si sit Prudentia . . .*" (I, pp. 6–8. C'est moi qui souligne). Le début de la maxime 55 du manuscrit de Liancourt utilise non seulement un vocabulaire semblable, mais aussi la citation de Juvénal: "On élève la prudence jusqu'au ciel et *il n'est sorte d'éloge* qu'on ne lui donne; elle est la règle de nos actions et de *nos conduites*; elle est *la maîtresse de la fortune*; elle fait *le destin des empires*; sans elle, on a tous les maux, avec elle on a tous les biens; *et, comme disait autrefois un poète, quand nous avons la prudence, il ne nous manque aucune divinité*, pour dire que nous trouvons dans la prudence tous les secours que nous demandons aux dieux."

Pour détruire la foi placée par Sénèque et les stoïciens dans la sagesse prévoyante, La Rochefoucauld et Esprit n'ont qu'à faire voir qu'elle n'a aucune prise sur le réel, et que tout passage entre le prévu et l'actuel est impossible. "Pour être bientôt éclairci," déclare Esprit, "que l'opinion avantageuse qu'on a conçue de la prudence est très mal fondée, l'on n'a qu'à examiner sa nature sans préoccupation, et considérer qu'elle est toujours pleine de défiance, de timidité, et d'incertitude, *ce qui vient de l'obscurité et de l'inconstance de sa matière*; car elle a affaire aux hommes dont le coeur est impénétrable . . . *la prudence ne peut s'assurer de rien* parce que l'homme, qui est le sujet qu'elle considère, n'est jamais dans une même assiette, et qu'il en prend de différentes en peu de temps, par un nombre infini de causes intérieures et extérieures . . . " (I, pp.10–11. C'est moi qui souligne). La Rochefoucauld propose le même argument: "Cependant la prudence la plus consommée ne saurait nous assurer du plus petit effet du monde, parce que, travaillant sur une matière aussi changeante et inconnue qu'est l'homme, elle ne peut exécuter sûrement aucun de ses projets.'' Ce qui est encore plus significatif, c'est que la fin de la maxime 55 du manuscrit reproduit exactement le refus janséniste de séparer la prévoyance d'avec la providence divine. ''Nous dirons hardiment,'' écrit Esprit, ''que si l'on détache la prudence humaine de la providence de Dieu, c'est injustement qu'on la croit la cause de tous les effets . . . qu'on lui attribue, car par la certitude de ses lumières et des maximes qu'elle apprend aux hommes, *ils ne peuvent jamais s'assurer de faire les effets mêmes les plus petits* et les plus ordinaires.'' Le succès des entreprises humaines ne dépend point de la prévoyance, '' . . . mais de la providence de *Dieu qui tenant le coeur des hommes entre ses mains*, les accorde pour faire réussir tout ce qu'il lui plaît'' (I, p.37. C'est moi qui souligne). C'est la pensée qui clôt la maxime 55: '' . . . Dieu seul, qui tient tous les coeur des hommes entre ses mains, et qui, quand il lui plaît, en accorde les mouvements, fait aussi réussir les choses qui en dépendent; d'où il faut conclure que toutes les louanges dont notre ignorance et notre vanité flatte notre prudence sont autant d'injures que nous faisons à sa providence.''

En s'attaquant à la constance et à la prévoyance, La Rochefoucauld et son collaborateur abordent en effet le problème central de la philosophie de Sénèque, qui est la mort. Toute la morale pratique du stoïcien s'oriente vers la conquête de la mort, puisque ce n'est qu'en se libérant de cet esclavage qu'est la crainte de mourir que le sage peut atteindre l'ataraxic de la vertu. C'est le précepte le plus célèbre de Sénèque, auquel il revient partout avec insistance, mais nulle part plus éloquemment que dans son traité *Des questions naturelles*: ''La vie de l'homme est attachée à fort peu de chose; mais c'est quelque chose et de sublime et de grand, que le mépris de la vie . . . Si nous voulons donc être heureux, si nous ne voulons être tourmentés, ni par la crainte des hommes, ni par la crainte des dieux; si nous voulons mépriser la fortune . . . , si nous voulons vivre tranquillement et disputer avec les dieux de la félicité et du bonheur, il faut peu estimer la vie'' (II, 4, pp.581–582).

Il n'y a donc que la science de bien mourir qui puisse assurer la science de bien vivre, et toutes deux s'effectuent d'après Sénèque par la raison. C'est à elle de prouver que "le mal qui vient le dernier ne peut jamais être grand"; que les hommes commencent à mourir dès leur naissance (I, 1, pp. 213–215); et que ce n'est pas la mort, mais "l'imagination de la mort" qui nous effraie (I, 1, p.300). ". . . Les fols ni les enfants ne craignent point la mort," écrit Sénèque dans la *Lettre* 36, et " . . . c'est une vergogne que la raison ne nous puisse donner cette assurance que la faute du jugement nous fait avoir" (I, 1, p.313). Ainsi le combat que le sage aura à mener sera d'assurer la suprématie de la raison contre la sensibilité du corps, par une méditation continuelle de cette épreuve finale du mérite de l'âme. S'il est victorieux dans ce combat, la mort du sage ou son suicide devant une fortune contraire établira la validité, aussi bien que la pureté, de son entreprise. ". . . Si j'ai quelque chose de bon dans l'âme," déclare Sénèque, "la mort me le dira. C'est pourquoi, sans m'effrayer, je me prépare à cette journée, où, le masque levé, je verrai si mon courage est aussi brave que ma langue, et si les rodomontades que j'ai faites contre la fortune n'étaient point d'autant d'artifices pour me faire estimer ce que je n'étais pas . . ." (I, 1, p.287).

Bien que la réflexion sur le mépris de la mort de La Rochefoucauld n'ait été rédigée qu'après 1663, la lettre 5 à Mme de Sablé que nous avons datée de 1660[25] révèle que le duc s'intéressait déjà à cette époque aux cas qui semblaient appuyer les sentiments de Sénèque. Sa réaction dans cette lettre devant un de ces cas est probablement caractéristique. "Il [Esprit] me parle aussi," écrit-il à la marquise, "d'un laquais qui a dansé les tricotets sur l'échafaud où il allait être roué: il me semble que voilà jusqu'où la philosophie d'un laquais méritait d'aller; je crois que toute gaieté en cet état-là vous est bien suspecte" (p.545). La méfiance de La Rochefoucauld devant le prétendu courage de ce laquais a trouvé une expression générale dans la maxime 150 du manuscrit de Liancourt: "Ceux qu'on exécute affectent quelquefois des constances, des froideurs, et des mépris de la mort pour ne pas penser à elle et pour s'étourdir, de sorte qu'on peut dire que ces froideurs et ces mépris font à leur esprit ce que le mouchoir fait à leurs yeux." Car selon une maxime ajoutée en 1665, la méditation de la mort est refusée à notre faiblesse, qui est non seulement physique, mais aussi intellectuelle: "Le soleil ni la mort ne se peuvent regarder fixement."[26] Toute science de mourir est ainsi rendue impossible, et le mépris de la mort, selon la

maxime 188 du manuscrit de Liancourt, ne se fonde que sur
l'ignorance: "Peu de gens connaissent la mort; on la souffre, non
par la résolution, mais par la stupidité et par la coutume, et la
plupart des hommes meurent parce qu'on meurt." Un rapport
semblable entre le mépris de la mort et l'ignorance est établi par
Esprit: "Que s'il est aussi peu possible à l'homme de ne pas
craindre la mort que de haïr la vie, et s'il ne peut s'empêcher
d'avoir des sentiments que la nature lui a donnés, il est visible
que le mépris de la mort est faux dans les hommes du monde,
et que tous ceux qui paraissent la mépriser ne la connaissent
point . . ." (II, p.221).

Quand Esprit et La Rochefoucauld en viennent ensuite à
explorer d'autres sources du mépris de la mort, ils en soulignent
deux principales. Il y a ceux qui arrivent à s'aveugler sur le
caractère épouvantable de la mort, comme le signale Esprit: "La
fermeté avec laquelle les grands hommes envisagent la mort est
. . . en quelques-uns l'effet de la diversion de l'âme, qui détourne
sa vue de la mort, qui est un objet affreux, pour s'appliquer à
celui qui leur est le plus agréable" (II, pp.217–218). C'est une idée
que La Rochefoucauld reprend dans la réflexion finale de 1665:
"Il faut éviter de la voir avec toutes ses circonstances, si on ne
veut pas croire qu'elle soit le plus grand de tous les maux. Les
plus habiles et les plus braves sont ceux qui prennent de plus
honnêtes prétextes pour s'empêcher de la considérer" (p.357).[27]
En deuxième lieu, Esprit et La Rochefoucauld insistent que la
constance et le mépris de la mort n'ont jamais existé que par des
motifs intéressés. "Les héros," déclare Esprit, "ne pâlissent
point dans les périls qui font trembler les plus assurés, parce
qu'ils ne voyent dans ces périls que leur élévation, leur gloire, et
leur grande réputation . . ." (II, p.207). La même analyse se
retrouve chez La Rochefoucauld: ". . . quelque disproportion
qu'il y ait entre les grands hommes et les gens du commun, les
uns et les autres ont mille fois reçu la mort d'un même visage;
mais ç'a toujours été avec cette différence que c'est l'amour de la
gloire qui ôte aux grands hommes la vue de la mort dans le mépris
qu'ils font paraître quelquefois pour elle, et dans les gens du
commun, ce n'est qu'un effet de leur peu de lumière . . ." (p.359).

Les deux collaborateurs arrivent donc à accuser Sénèque d'imposture: Esprit, parce que le mépris de la mort n'est vertueux ni
sincère que chez les chrétiens (II, p.222); La Rochefoucauld,

parce que le retour obsédant de ce problème chez Sénèque le fait conclure à sa mauvaise foi. "Rien ne prouve tant," écrit-il dans la maxime 208 du manuscrit de Liancourt, "que les philosophes ne sont pas si bien persuadés qu'ils disent que la mort n'est pas un mal, que le tourment qu'ils se donnent pour éterniser leur réputation." La même accusation reparaît dans la maxime 207 de ce texte: "Rien ne prouve davantage combien la mort est redoutable que la peine que les philosophes se donnent pour persuader qu'on la doit mépriser."

A l'encontre de son collaborateur, La Rochefoucauld ne songe pas à introduire les dogmes de la foi dans cette question; son argumentation se limite résolument aux perspectives humaines, et se révèle du même coup plus pessimiste que celle d'Esprit. Car Esprit, selon la dichotomie toujours présente dans son oeuvre, accorde une force égale à la foi et à l'amour-propre devant la mort. "La constance de ceux qui semblent mépriser la mort," déclare-t-il, "vient non d'une force vertueuse, mais . . . d'un stratagème de l'amour-propre qui occupe l'esprit de toute autre chose pour lui ôter la vue de cet objet terrible" (II, p.441). Pour Esprit, alors, la présence de l'amour-propre dans le mépris de la mort suffit à réfuter la confiance placée par Sénèque dans la raison, qui devait assurer la fermeté de l'âme contre les faiblesses du corps. C'était en utilisant de la même façon la doctrine de l'amour-propre que La Rochefoucauld s'est attaqué à la conception stoïcienne du suicide dans la maxime 243 du manuscrit de Liancourt: "Le désir de vivre ou de mourir sont des goûts de l'amour-propre dont il ne faut non plus disputer que des goûts de la langue ou du choix des couleurs." Néanmoins, les coups qu'il porte contre la constance dans sa réflexion sur le mépris de la mort sont beaucoup plus durs, parce qu'il y montre non seulement l'impuissance de la raison, mais aussi celle de l'amour-propre devant la mort:

Nous nous flattons de croire que la mort nous paraisse de près ce que nous en avons jugé de loin, et que nos sentiments, qui ne sont que faiblesse, que variété et que confusion, soient d'une trempe assez forte pour ne point souffrir d'altération par la plus rude de toutes les épreuves. C'est mal connaître les effets de l'amour-propre, que de croire qu'il puisse nous aider à compter pour rien ce qui le doit nécessairement détruire, et la raison, dans laquelle on croit trouver tant de ressources, n'est que trop faible en cette rencontre pour nous persuader ce que nous voulons. C'est elle qui nous trahit le plus souvent et, au lieu de nous inspirer le mépris de la mort, elle sert à nous découvrir ce qu'elle a d'affreux et de terrible.

C'est surtout dans leur attaque contre le mépris de la mort que La Rochefoucauld et Esprit mettent le plus clairement en évidence le fond de leur dispute avec la morale de Sénèque. Car la doctrine de la perfectibilité de l'homme repose sur des bases hautement rationalistes, la liberté et le repos du sage, fruits suprêmes de sa vertu, ne pouvant s'effectuer que par le règne de la droite raison. Comme le montre la *Lettre* 76 de Sénèque, il adopte les rapports classiques entre la raison, la nature, et la vertu: "Qu'est-ce que l'homme a qui lui soit propre? La raison, en la perfection de laquelle consiste aussi la perfection de sa félicité. Si donc, lorsqu'une chose est arrivée à la perfection de ce qui est proprement son bien, elle se peut dire louable, et parvenue au but que la nature s'est proposée en la faisant; puisque la raison est le bien de l'homme, il est louable quand il l'a conduite à sa perfection. Cette raison parfaite est ce que j'appelle quelquefois vertu, et quelquefois, ce qui est honnête" (I, 2, p.457). Les écrits de Sénèque font preuve alors d'un rationalisme d'autant plus optimiste que la raison et la nature de l'homme ne s'opposent pas, mais aspirent toutes deux au bien moral. Puisque la nature a fait de l'homme un être raisonnable, on suit la nature et embrasse la vertu simultanément en suivant les lois dictées par cette raison. A ce concept de la vertu, Esprit et La Rochefoucauld vont opposer une nouvelle théorie des passions, grosse de conséquence pour toute morale rationaliste.

Comme on l'a déjà vu, c'est vraisemblablement Esprit qui a initié son collaborateur à la théorie de l'inconscient promulguée par la théologie janséniste, et dont l'usage a été capital dans la matière commune destinée à réfuter Sénèque.[28] Pour convaincre de fausseté la suprématie accordée par les stoïciens à la raison, on y oppose une autre faculté, le coeur, qui incarne toute la force de l'irrationnel, et qui échappe au contrôle de l'esprit. "On peut connaître son esprit," déclare La Rochefoucauld dans la maxime 233 du manuscrit de Liancourt, "mais qui peut connaître son coeur?" De son côté, Esprit souligne également la faiblesse de la raison. ". . . Ce n'est pas seulement par la force des passions que nous résistons à la raison," remarque-t-il, "et que nous avons le pouvoir de faire tout le contraire de ce qu'elle nous dicte, mais aussi par celle de notre dépravation naturelle, et . . . toutes les fois que l'homme délibère, ce n'est pas son esprit, mais son coeur qui conclut et qui lui fait prendre le parti où il se trouve penché par le poids de sa corruption" (II, p.374). Une pensée semblable a inspiré la maxime 19 du manuscrit de Liancourt: "L'homme est conduit lorsqu'il croit se conduire, et pendant que par son esprit il vise à un endroit, son coeur l'achemine insensiblement à un autre." Cette idée revient encore, et avec plus de force, dans la célèbre maxime 178 du manuscrit: "L'esprit est toujours la dupe du coeur."

Ce que La Rochefoucauld et Esprit tiennent à démontrer, comme Pascal vers la même époque, c'est la faillite de la raison, soulignée par tous les trois pour discréditer toute morale qui fait trop confiance à cette faculté. Toutefois Esprit et La Rochefoucauld, à l'encontre de Pascal, ne conçoivent pas le coeur comme une faculté intuitive, capable d'atteindre la vérité par ses propres moyens. Pour eux, le coeur représente plutôt le siège des passions de l'âme; et chez Esprit, l'origine théologique de ce concept est bien en évidence. Pour lui, comme il l'explique dans un des chapitres antistoïciens de son ouvrage, le mot passion s'applique non pas aux mouvements de l'âme dont la violence change l'état du corps, mais plutôt aux mouvements de l'orgueil, "en tant qu'ils changent celui de l'âme, qu'ils s'y élèvent contre les ordres de la raison, qu'ils s'opposent à l'exécution de ces mêmes ordres, et en un mot, en tant qu'ils font souffrir l'âme et la tyrannisent" (II, pp. 359–360).

Ainsi la réfutation des stoïciens chez Esprit consiste à montrer que la dichotomie stoïcienne entre l'âme et le corps ignore la dichotomie beaucoup plus cruciale entre la raison et le coeur, qui divise l'âme elle-même. "Les philosophes," écrit Esprit, ". . . ne savaient pas quelle était la disposition des ressorts qui font mouvoir le coeur de l'homme, et n'avaient aucune lumière ni aucun soupçon de l'étrange changement qui s'était fait en lui, par lequel la raison était devenue l'esclave des passions. . ." (I, "Préface", non paginée). C'est encore une perspective que La Rochefoucauld va adopter dans certaines de ses maximes. La maxime 174 du manuscrit de Liancourt compare la génération des passions dans le coeur aux cycles inexorables de la nature: "Comme dans la nature il y a une éternelle génération et que la mort d'une chose est toujours la production d'une autre, de même il y a dans le coeur humain une génération perpétuelle de passions, en sorte que la ruine de l'une est toujours l'établissement d'une autre."[29] La maxime 144 du même texte souligne pareillement que les passions se manifestent suivant des périodes cycliques, tout comme des maladies inguérissables: "La santé de l'âme n'est pas plus assurée que celle du corps, et quelque éloignés que nous paraissions être des passions que nous n'avons point encore ressenties, il faut croire toutefois que l'on n'y est pas moins exposé qu'on l'est à tomber malade quand on se porte bien."[30] La maxime-réflexion 218 du manuscrit insiste encore que tout contrôle effectif sur les passions est illusoire:

On n'est pas moins exposé aux rechutes des maladies de l'âme que de celles du corps; nous croyons être guéris bien que le plus souvent ce ne soit qu'un relâche ou un changement de mal; quand les vices nous quittent, nous voulons croire que c'est nous qui les quittons; on pourrait presque dire qu'ils nous attendent sur le cours ordinaire de la vie comme des hôtelleries où il faut successivement loger, et je doute que l'expérience même nous en peut [sic] garantir s'il nous était permis de faire deux fois le même chemin.

Enfin dans la maxime 221 du manuscrit, La Rochefoucauld, comme Esprit, revient au sens étymologique du mot passion, comme ce qui est subi: "La durée de nos passions ne dépend pas plus de nous que la durée de notre vie."[31]

En plaçant la source des passions dans l'âme elle-même, La Rochefoucauld et Esprit atteignent le niveau le plus profond de leur débat avec Sénèque. Car il est question dans ce débat, non seulement du pouvoir qu'a la raison de dominer la sensibilité du corps, mais aussi du concept de la nature qui forme le pivot de la morale stoïcienne. Le postulat fondamental de cette morale, c'est qu'en cherchant cette raison parfaite qu'est la vertu, le sage se conforme au voeu profond de la nature, qui aspire toute entière au bien. Une croyance très ferme à la bonté naturelle de l'homme se trouve ainsi au coeur de la pensée de Sénèque. "Les vices en nos âmes sont plantés en un terroir étranger," écrit-il dans la *Lettre* 50, "c'est pourquoi il est bien aisé de les en chasser et faire qu'ils n'y reviennent plus. Les choses qui sont en un fonds qui leur est propre s'y conservent facilement. La vertu est selon nature, les vices sont ses ennemis déclarés" (I, 1, pp. 347–348). En fin de compte, c'est cette affirmation de la bonté naturelle qui rend possible toute la morale de Sénèque, puisque si la nature humaine est corrompue, la raison, critère moral suprême, l'est aussi. Ce n'est que parce qu'il a déjà admis que le règne inviolable de la raison est selon la nature que Sénèque peut demander au sage d'extirper ses passions, tout en reconnaissant qu'elles ont aussi leur source dans la nature.[32]

Or, il existe chez La Rochefoucauld et Esprit une opposition fondamentale au concept de la bonté naturelle, la corruption de l'homme se posant chez eux comme un fait indiscutable. Chez Esprit, ce refus de la perfectibilité humaine découle très évidemment de la doctrine pessimiste de la chute promulguée par la théologie janséniste. C'est là un point de vue adopté aussi par La Rochefoucauld dans la maxime 195 du manuscrit de Liancourt: "Une preuve convaincante que l'homme n'a pas été créé comme il est, c'est que plus il devient raisonnable et plus il rougit en soi-même de l'extravagance, de la bassesse et de la corruption de ses sentiments et de ses inclinations." Il est néanmoins significatif de noter que La Rochefoucauld ne s'est pas borné à cette perspective d'Esprit, et que d'autres maximes antistoïciennes qui soulignent la folie et l'incohérence de la conduite humaine ne semblent pas avoir fait partie de la matière commune.

Des considérations sur la versatilité de l'homme ne sont pas étrangères à l'oeuvre de Sénèque, qui la signale comme une des grandes sources de la misère humaine. Au lieu d'accepter, cependant, ce qu'il appelle la folie humaine, Sénèque croit que la sage peut et doit y échapper.[33] "La chose du monde la plus basse, la plus abjecte, la plus sordide, la plus servile, et la plus sujette à toutes sortes de cruelles passions, c'est la folie," écrit-il dans la *Lettre* 37 (I, 1, p. 314). C'est la sagesse seule comme connaissance du vrai, qui peut porter remède à l'état naturellement inconstant de l'homme: "La sagesse est exempte de tout changement. La sagesse ne se perd jamais, et jamais de la sagesse on ne revient à la folie" (I, 2, p. 459). Si La Rochefoucauld accuse alors

Sénèque d'hypocrisie et s'attache à réfuter sa morale, c'est parce que Sénèque, ayant reconnu la faiblesse de l'homme, avait refusé cette vision en faveur d'une doctrine idéaliste.

Ainsi quand le duc reprend l'antithèse folie-sagesse dans ses *Maximes*, ce sera pour déclarer combien est illusoire la distinction éthique que Sénèque s'efforce d'établir entre les deux états. "L'enfance nous suit dans tous les temps de la vie," écrit-il dans la maxime 1 du manuscrit de Liancourt, "si quelqu'un paraît sage, c'est seulement parce que ses folies sont proportionnées à son âge et à sa fortune."[34] Un paradoxe semblable a trouvé expression dans la maxime 260 du même texte: "En vieillissant on devient plus fou et plus sage." La maxime 134 de 1665, empruntée presque textuellement à Montaigne et conçue dans le même esprit antirationaliste que chez cet auteur, estompe encore plus la ligne de démarcation entre la sagesse et la folie: "La plus subtile folie se fait de la plus subtile sagesse."[35] En suivant toujours la route tracée par Montaigne dans son *Apologie de Raymond Sebond*, La Rochefoucauld complète son attaque par un éloge de la folie dans la maxime 200 du manuscrit de Liancourt: "Qui vit sans folie n'est pas si sage qu'il croit."

Ayant montré dans ses maximes sur la folie que la recherche stoïcienne de la sagesse est futile, La Rochefoucauld affirme ailleurs que sa pratique est impossible. "Les plus sages le sont dans les choses indifférentes," déclare-t-il dans la maxime 11 du manuscrit de Liancourt, "mais ils ne le sont presque jamais dans leurs plus sérieuses affaires." La maxime 247 du même texte énonce une idée pareille: "On est sage pour les autres, personne ne l'est assez pour soi-même." L'instabilité de l'homme est irrémédiable, parce que selon la maxime 137 du manuscrit, le temps seul voue à l'échec toute tentative d'établir l'égalité de vie qui caractérise le sage de Sénèque: "Rien ne doit tant diminuer la satisfaction que nous avons de nous-mêmes, que de voir que nous avons été dans des états et dans des sentiments que nous désapprouvons à cette heure." Les désirs de l'homme, comme ses goûts, sont confus et changeants, au point même qu'il ne peut jamais répondre de soi-même: "Comment peut-on répondre de ce qu'on voudra à l'avenir, puisque l'on ne sait pas précisément ce que l'on veut dans le temps présent?"[36] Ainsi, au lieu de manifester cette harmonie tranquille, cette maîtrise de soi que devait conférer la raison, la vie de l'homme se résout en une série de contradictions radicales—idée que La Rochefoucauld résume dans un autre emprunt à Montaigne: "Chaque homme n'est pas plus différent des autres hommes qu'il l'est souvent de lui-même."[37]

L'influence de Montaigne qui se discerne dans les maximes sur l'inconstance de l'homme représente un point de divergence intéressant entre La Rochefoucauld et son collaborateur. D'abord, Montaigne est un des deux auteurs modernes qu'Esprit s'avise d'attaquer dans *La Fausseté des vertus humaines* (II, p. 436).[38] Il l'accuse en premier lieu d'encourager de mauvaises moeurs dans son chapitre sur la tempérance: "Comme il n'est rien qui soit si important pour les moeurs que de suivre une doctrine saine, l'on a cru qu'il était à propos de faire remarquer combien celle de Montagne touchant la tempérance est mauvaise et corrompue et combien sont dangereux les écrits d'un auteur qui enseigne aux hommes l'art de tirer des plaisirs sensibles tout le plaisir qui s'en peut tirer" (II, p. 50). Plus suspecte encore, selon Esprit, est la défense des sages païens faite par Montaigne: ". . . Puisque Montagne croit," écrit-il, "que l'intérêt public veut qu'on fasse des peintures achevées de la vertu, il ne devait pas en chercher le modèle parmi les païens, dont les vertus étaient fausses et éclatantes, mais parmi les chrétiens, où elles sont d'autant plus pures et plus parfaites qu'ils s'étudient à les cacher. . ." (II, p. 389).

La désapprobation d'Esprit envers Montaigne est très significative. D'abord, elle laisse soupçonner que l'antirationalisme manifesté dans les *Maximes* était une attitude formée chez La Rochefoucauld avant la genèse de son recueil, probablement sous l'influence de Montaigne. On peut donc voir dans cet antirationalisme de La Rochefoucauld une des causes prédominantes de l'intérêt porté par lui aux aspects antistoïciens de la pensée janséniste. En deuxième lieu, elle permet de croire que le développement donné par La Rochefoucauld à la série de maximes sur la versatilité humaine lui est particulier, et qu'il y a penché vers une expression profane plutôt que théologique de sa vision de la condition humaine.[39] Les passages d'Esprit qui visent à réfuter les sages de l'antiquité recèlent partout le même désir d'édifier en prouvant que le salut des païens est impossible. On ne trouve rien de semblable dans les *Maximes*. La querelle de La Rochefoucauld avec Sénèque se présente avant tout comme une querelle de moralistes; si bien des pensées antistoïciennes de La

Rochefoucauld se retrouvent chez Esprit, où leur origine théologique est clairement discernable, il n'est jamais question du salut des sages païens dans les *Maximes*. En remplissant alors le premier but du projet initial, La Rochefoucauld a déplacé sa réfutation de Sénèque du domaine de la théologie à celui de la psychologie—phénomène important qui va se répéter quand il aborde la preuve de la fausseté de toute vertu humaine.

CHAPITRE III
LA FAUSSETE DES VERTUS HUMAINES

L'antistoïcisme d'Esprit et de La Rochefoucauld ne représente en réalité qu'un aspect d'une prise de position plus générale contre toute vertu de source humaine. Car selon les deux collaborateurs, cet orgueil qui était la racine des vertus les plus éclatantes des sages païens corrompt également les vertus communément admirées par les gens du monde de leur siècle. La démonstration de la fausseté de ces vertus mondaines et du rôle joué par l'amour-propre dans leur apparition a fourni aux deux auteurs une matière presque inépuisable, dont La Rochefoucauld surtout a bien su tirer parti. Tandis que la réfutation de Sénèque, qui est très en évidence dans les maximes antérieures à 1665, a été moins accentuée par la suite, le nombre de maximes qui dénigrent les vertus héroïques et généreuses de l'époque n'a cessé de s'accroître jusqu'à l'édition de 1678.

Or, à l'encontre de la réfutation de Sénèque projetée par Esprit et La Rochefoucauld vers 1659, cette attaque contre les vertus mondaines n'était qu'ébauchée dans la polémique de 1641–1642, de même que la doctrine de l'amour-propre qui allait servir de base aux deux collaborateurs. L'élaboration de cette doctrine et la place capitale qu'elle a reçue dans la querelle sur la vertu naturelle est un développement qui est dû, paraît-il, aux membres du salon de Mme de Sablé.[1] Quoiqu'il en soit, c'est bien La Rochefoucauld qui a, le premier, acclimaté la doctrine de l'amour-propre dans la littérature mondaine, d'abord par la publication en 1659 de sa grande réflexion sur l'amour-propre, ensuite par le succès de son livre des *Maximes*.[2] Pour éclaircir l'usage particulier que La Rochefoucauld a fait de la théorie de l'amour-propre dans son oeuvre en genèse, il importe de revenir brièvement sur sa place dans le courant de pensée qui a produit cette théorie.

*　　　*　　　*

Comme la polémique sur le salut des païens, qui avait donné naissance à la réfutation de Sénèque dressée par La Roche-foucauld et Esprit, la formulation de la théorie de l'amour-propre telle qu'elle apparaît dans leurs ouvrages fut déclenchée par l'*Augustinus* de Jansénius.[3] La source primaire du concept de l'amour de soi ou amour-propre se trouve dans le 14e livre de l'écrit *De civitate Dei* de saint Augustin, qui distingue deux es-pèces d'amour au fond de toutes les affections embrassées par la volonté. Tout acte de la volonté y est jugé vertueux ou vicieux selon l'amour qui l'a fait naître, et saint Augustin fonde ses deux cités sur ces deux amours: "*Fecerunt itaque civitates duas amores duo; terrenam scilicet amor sui usque ad contemptum sui.*"[4] Ce passage, qui offrait la possibilité d'un nouveau critère moral, selon lequel ce ne serait plus la raison mais l'espèce d'amour promulgant les actes volontaires qui produirait le vice ou la vertu, était le point de repère des moralistes qui utilisaient le terme amour-propre avant 1640.

Cette année-là, Jansénius donna une nouvelle signification à ce terme par une réinterprétation des écrits de saint Augustin sur la volonté et la grâce. Puisque la volonté n'est plus libre selon Jansénius, et puisque seule la présence de la grâce efficace peut porter l'homme à l'amour de Dieu, tout acte qui ne s'inspire pas de la charité conférée par la grâce est vicié par l'amour-propre. L'opposition entre ces deux états d'âme est donc radicale dans le système de Jansénius, parce que le péché originel a détruit chez l'homme toute possibilité d'une motivation basée sur l'amour de Dieu.

Une explication éloquente de cette conception de la chute, aussi bien que l'équivalence établie entre l'amour-propre et le péché, se trouvent dans une lettre écrite par Pascal le 17 octobre 1651 à l'occasion de la mort de son père:

> . . . Dieu a créé l'homme avec deux amours, l'un pour Dieu, l'autre pour soi-même; mais avec cette loi, que l'amour pour Dieu serait infini, c'est-à-dire sans aucune fin que Dieu même, et que l'amour pour soi-même serait fini et rapportant à Dieu.
>
> L'homme en cet état non seulement s'aimait sans péché, mais ne pouvait ne point s'aimer sans péché.
>
> Depuis, le péché étant arrivé, l'homme a perdu le premier de ces amours; et l'amour pour soi-même étant resté seul dans cette grande âme capable d'un amour infini, cet amour-propre

s'est étendu et débordé dans le vide que l'amour de Dieu a quitté; et ainsi il s'est aimé seul, et toutes choses pour soi, c'est-à-dire infiniment.

Voilà l'origine de l'amour-propre. Il était naturel à Adam, et juste en son innocence; mais il est devenu et criminel et immodéré en suite de son péché.[5]

On remarquera ici une ressemblance frappante avec le début de la réflexion sur l'amour-propre publiée par La Rochefoucauld en 1659: "L'amour-propre est l'amour de soi-même et de toutes choses pour soi; il rend les hommes idolâtres d'eux-mêmes . . .".[6] L'intérêt de ce rapprochement ne consiste pas tellement dans la possibilité que La Rochefoucauld ait pu connaître les idées de Pascal sur ce sujet, mais plutôt dans le fait que le duc était familier avec l'origine théologique de la doctrine de l'amour-propre. Cette familiarité était due, sans aucun doute, à son collaborateur J. Esprit, puisque celui-ci écrit dans l'épître dédicatoire de *La Fausseté des vertus humaines* que tout son ouvrage n'est qu'une grande variation sur ce thème: ". . . encore qu'il soit difficile de connaître l'homme, l'on ne doit pas néanmoins se persuader que cela soit impossible, pourvu qu'on ait observé les inclinations de l'amour-propre. Car comme c'est lui qui est l'inventeur de tous les stratagèmes que l'homme met en usage, et la cause de la fausseté de toutes ses vertus, et que l'homme en est si fort possédé qu'il n'a d'autres mouvements que les siens, ni d'autre conduite que celle qu'il lui inspire, l'on ne saurait représenter l'un qu'on ne fasse en même temps le portrait de l'autre" (I, ii–iii).

Or, l'établissement d'un principe unique au fond de toutes les actions humaines n'était pas inconnu avant Esprit et La Rochefoucauld. Un tel postulat se présente en 1641 dans un ouvrage populaire du Père François Senault intitulé *De l'usage des passions*. Ce traité prolixe, qui découle encore de la polémique de 1641–1642 par sa réfutation du stoïcisme et par l'influence de Jansénius qu'il laisse apercevoir, ne semble pas avoir exercé une influence directe sur La Rochefoucauld. Malgré ses fréquentes citations de saint Augustin et une doctrine sur la grâce qui s'approche de celle professée par l'*Augustinus*, Senault fait confiance à la volonté humaine et à son pouvoir de convertir les passions en des vertus plutôt qu'en des vices. Son ouvrage a pu néanmoins attirer l'intérêt d'Esprit; d'abord parce que Senault était le supérieur général de l'Oratoire, congrégation à laquelle apparttenait Esprit, et aussi parce que Senault avait fait un usage limité du concept janséniste de l'amour-propre dans sa réfutation des stoïciens. Ainsi avait-il écrit à propos des vertus des païens:

> . . . L'homme avait eu assez de liberté pour se perdre par son propre mouvement, mais il n'en avait pas assez pour se sauver par ses propres forces. Sa perte venait de sa volonté, et son salut ne pouvait venir que de la grâce. Toutes les actions qu'il faisait sans cette assistance étaient criminelles, et si nous croyons saint Augustin, toutes ses bonnes oeuvres étaient des péchés. Car il manquait au Principe et à la Fin; n'agissant pas par la grâce, il fallait qu'il agît par la concupiscence, et *étant possédé par l'amour-propre*, il ne se pouvait point proposer d'autre fin que soi-même. Il cherchait ou la gloire ou le plaisir et dans toutes ses actions, il ne s'élevait point plus haut que ses intérêts.[7]

Comme il est probable qu'Esprit a connu l'ouvrage de Senault, il importe d'examiner le nouveau concept de l'unité de l'âme qu'il aurait pu y trouver, et qui apparaît, bien que sous une forme modifiée, dans son propre ouvrage. Selon Senault, toutes les passions de l'âme ne sont que des métamorphoses d'une passion unique, qui est l'amour. En analysant les mouvements de l'âme à la lumière de ce postulat, Senault propose d'enseigner l'art de régler les passions, en montrant comment il faut porter l'amour qui les anime vers le bien. Si le résultat final envisagé par Senault n'a rien à voir avec les vues d'Esprit, le rôle donné à l'amour dans son traité s'approche de près du rôle donné à l'orgueil par Esprit.

Nous avons déjà cité en partie le passage si important de l'ouvrage d'Esprit où il explique que l'orgueil est le ressort unique des passions de l'âme: ". . . l'on n'a qu'à se consulter soi-même pour être éclairci que l'orgueil fait dans l'âme tous les effets des passions, et qu'il n'y en a aucune qui soit si vive, si sensible, si délicate, si soudaine, si rebelle, et si opiniâtre" (II, p.360).[8] Mais en même temps qu'Esprit, comme Senault, réduit tous les mouvements de l'âme à une passion unique, il fait un pas de plus, et établit cette passion unique non seulement comme le ressort de toutes les autres, mais aussi comme leur fin. Car, selon lui, il faut reconnaître en plus que l'orgueil est ". . . l'âme des passions humaines; qu'il les remue et les enflamme quand il lui plaît et comme il lui plaît, et les fait servir toutes à l'unique dessein qu'il a que l'homme soit honoré et considéré." Le même postulat double apparaît dans la grande réflexion sur l'amour-propre de La Rochefoucauld qui est, sans aucun doute, un des textes les plus anciens de son recueil. Vers le début de cette réflexion, La Rochefoucauld dépeint les métamorphoses de l'amour-propre et son activité incessante au fond des actes humains les plus divers: "Rien n'est si impétueux que ses désirs, rien de si caché que ses desseins, rien de si habile que ses conduites; ses souplesses ne se peuvent représenter, ses transformations passent celles de la métamorphose, et ses raffinements ceux de la chimie."[9] Il devient pourtant évident par la suite que le but unique des activités de l'amour-propre est lui-même: ". . . l'on pourrait conclure assez vraisemblablement que c'est par lui-même que ses désirs sont allumés, plutôt que par la beauté et par le mérite de ses objets, que son goût est le prix qui les relève et le fard qui les embellit, que c'est après lui-même qu'il court, et qu'il suit son gré lorsqu'on croit qu'il suit les choses qui sont à son gré."[10]

Or, la présentation de l'amour-propre comme le ressort et la fin de la conduite humaine représente en effet une application élargie des idées de Jansénius dans le domaine de la psychologie. En tant que concept théologique, l'amour-propre figurait avant tout un état d'âme, qui était celui de l'homme plongé dans le péché par la chute et séparé de la grâce. Il se présentait à la fois comme une motivation criminelle qui tendait à se confondre avec le rôle traditionnellement conféré à l'orgueil, mais dont la force se trouvait accrue par le triomphe de l'instinct dépeint par le jansénisme. La contribution majeure de La Rochefoucauld et d'Esprit au développement de la doctrine de l'amour-propre, c'est qu'ils y ont découvert la base d'une psychologie moniste, semblable à celle de Senault en ce qu'elle essaye de réduire toutes les passions à une seule, mais qui révèle en même temps comment la présence de cette passion change chaque vertu en vice. En plus, le choix des vertus ainsi démasquées n'a pas été laissé au hasard, bien qu'il ne coïncide pas toujours chez La Rochefoucauld et Esprit. Comme la réfutation du stoïcisme s'est accomplie par une attaque contre les vertus les plus prônées par cette morale, la preuve de l'égoïsme irrémédiable de l'homme s'établira au dépens de l'ensemble des vertus héroïques et idéalistes réunies dans l'éthique de la gloire. Ainsi le deuxième but que La Rochefoucauld et Esprit se sont proposé en dressant leur projet initial représente un prolongement du débat sur la perfectibilité de l'homme qui se fera en deux mouvements généraux. Ce sont, d'une part, une exposition de la doctrine de l'amour-propre, qui est acceptée d'emblée par les deux auteurs comme une donnée indiscutable; et, d'autre part, une analyse de la présence universelle de l'amour-propre sous le masque des vertus.

*   *   *

La présentation de la théorie de l'amour-propre faite par Esprit adopte des perspectives nettement jansénistes. L'homme déchu est incapable de se porter vers le bien; l'amour-propre, qui est à la fois le signe et la cause de sa malignité naturelle, corrompt à son insu tous les mouvements de son âme. Néanmoins, Esprit a soin de contrebalancer cette vision pessimiste par le pouvoir rédempteur de la grâce, auquel il revient inlassablement à la fin de chaque chapitre de son ouvrage. La pensée d'Esprit se construit ainsi sur une relation antithétique, dont l'amour-propre ne forme qu'un des deux membres. On aurait évidemment tort de caractériser de même la pensée de La Rochefoucauld, surtout dans sa forme finale. Si le duc déclare dans l'*Avis au lecteur* de 1666 que ''. . . celui qui les [c'est-à-dire les réflexions] a faites n'a considéré les hommes que dans cet état déplorable de la nature corrompue par le péché; et qu'ainsi la manière dont il parle de ce nombre infini de défauts qui se rencontrent dans leurs vertus apparentes ne regarde point ceux que Dieu en préserve par une grâce particulière'' (p. 373),[11] il est notable que cette déclaration représente la seule mention de la grâce dans tout le recueil des *Maximes*.

Il faut signaler, cependant, que des allusions à Dieu, à l'orgueil, à la charité, au diable, et au péché originel ne manquent ni dans la correspondance, ni dans le manuscrit de Liancourt. La maxime 256 du manuscrit, qui apparaît pour la première fois dans la lettre 12 de 1663, présente l'amour-propre comme la punition du péché originel: ''Dieu a permis, pour punir l'homme du péché originel, qu'il se fît un dieu de son amour-propre, pour en être tourmenté dans toutes les actions de sa vie.''[12] La maxime 195 fait encore allusion à la chute. ''Une preuve convaincante que l'homme n'a pas été créé comme il est, c'est que plus il devient raisonnable et plus il rougit en soi-même de l'extravagance, de la bassesse et de la corruption de ses sentiments et de ses inclinations.'' Si le diable n'est mentionné que dans la maxime 209 du manuscrit (''Il semble que c'est le diable qui a tout exprès placé la paresse sur la frontière de plusieurs vertus''), le nom de Dieu apparaît dans trois maximes du même texte: dans la maxime 190, sur le don divin des talents (''Dieu a mis des talents différents dans l'homme . . .''); dans la maxime 155, qui évoque son omniscience (''Il n'y a que Dieu qui sache si un procédé net, sincère et honnête est plutôt un effet de probité que d'habileté''); et finalement, dans la maxime 45, qui déclare que Dieu seul est la source de la vertu véritable: ''Dieu seul fait les gens de bien et on peut dire de toutes nos vertus ce qu'un poète a dit de l'honnêteté des femmes: *L'essere honesta non é se non un arte di parer honesta.*''

Ces deux dernières maximes sont tout à fait semblables à la conclusion qui termine le chapitre d'Esprit sur ''La probité ou l'honnêteté des femmes'' (''Confessons à la gloire de Dieu qu'il fait lui seul les honnêtes gens, et qu'il n'y a que lui qui soit auteur de la probité véritable'', II, p.534); Esprit, d'ailleurs, cite correctement la phrase de Guarini: *''L'honnestate altro non é che un arte di parer honesta''* (II, p.103). Les maximes 45 et 155 du manuscrit sur la probité sont peut-être les seules dans lesquelles La Rochefoucauld ait énoncé l'attitude adoptée par Esprit envers toute vertu qu'il examine. Elles montrent néanmoins que cette attitude ne lui fut pas toujours étrangère. De même, la charité est opposée à l'orgueil et aux passions dans deux maximes d'inspiration pareille. La maxime 2 du manuscrit introduit cette opposition (''L'orgueil a bien plus de part que la charité aux remontrances que nous faisons à ceux qui commettent des fautes, et nous les en reprenons bien moins pour les en corriger que pour persuader que nous en sommes exempts''), et la maxime 164, dont la première formulation revient à Esprit selon une lettre de Mme de Maure (p.562), la reprend: ''Les passions ont une injustice et un propre intérêt qui fait qu'elles offensent et blessent toujours, même lorsqu'elles parlent raisonnablement et équitablement; la charité a seule le privilège de dire quasi tout ce qui lui plaît et de ne blesser jamais personne.'' Une tonalité chrétienne se dégage encore de deux autres maximes du manuscrit sur la misère de l'homme. Ce sont la maxime 114 sur l'ignorance de cette misère (''L'aveuglement des hommes est le plus dangereux effet de leur orgueil, il sert encore à le nourrir et à l'augmenter, et c'est pour manquer de lumières que nous ignorons toutes nos misères et tous nos défauts'') et la maxime 255 sur l'incapacité de s'en guérir: ''L'homme est si misérable que, tournant toutes ses conduites à satisfaire ses passions, il gémit incessamment sous leur tyrannie; il ne peut supporter ni leur violence ni celle qu'il faut qu'il se fasse pour s'affranchir de leur joug; il trouve du dégoût non seulement dans ses vices, mais encore dans leurs remèdes, et ne peut s'accommoder ni des chagrins de ses maladies, ni du travail de sa guérison.''

Toutes les maximes précédentes ont le mérite particulier de mettre en évidence l'acceptation initiale de La Rochefoucauld du contexte janséniste qui a donné naissance à la théorie de l'amour-propre. Sans doute, l'absence marquée de toute allusion à la grâce dans les maximes de La Rochefoucauld est très significative, puisqu'elle permet de soupçonner que seul l'aspect pessimiste de la théologie janséniste était compatible avec sa propre vision de la condition humaine. N'empêche que le duc s'est laissé influencer par son collaborateur dans sa première analyse de cette condition. Les maximes sur l'amour-propre, l'orgueil, et la malignité de l'homme sont surtout près de leurs origines augustiniennes. Il est vrai qu'à la différence d'Esprit, La Rochefoucauld ne fait pas ouvertement de l'orgueil la source des passions. Une maxime envoyée dans la lettre 14 qui ne reparaît pas dans le manuscrit de Liancourt, mais qui donnera la maxime 40 de 1665, fait penser que le duc plaçait la source de l'orgueil non pas dans le péché originel, mais dans la nature: ''La nature, qui a pourvu à la vie de l'homme par la disposition des organes du corps, lui a sans doute encore donné l'orgueil pour lui épargner la douleur de connaître ses imperfections et ses misères.''[13] On peut croire, pourtant, que La Rochefoucauld ne s'embarrassait guère des distinctions théologiques, et qu'il ne se souciait pas de décider si l'amour-propre et l'orgueil furent les causes ou le résultat de la chute.[14]

Ses maximes révèlent, de toute façon, qu'il considère les deux termes comme inséparables, et qu'il en fait parfois un usage poétique et interchangeable.[15] La maxime 53 du manuscrit de Liancourt, qui traite du rôle de l'orgueil dans l'humilité, ressemble beaucoup à un long passage sur l'amour-propre dans l'ouvrage d'Esprit. Pour suggérer dans cette maxime les métamorphoses de

l'orgueil, La Rochefoucauld le compare au "Protée des fables":
". . . certes, comme il est sans doute que le Protée des fables n'a
jamais été, il [en] est un véritable dans la nature, car il prend
toutes les formes comme il lui plaît." La même image est appliquée à l'amour-propre par Esprit: "Or, l'amour-propre donne à
l'homme cette pente à se déguiser et à prendre autant de figures
que le Protée des fables . . . De là vient cette variété de personnages que l'on voit faire aux hommes" (II, p.465). La personnification de l'orgueil dans la maxime 67 du manuscrit de Liancourt ("Enfin l'orgueil, comme lassé de ses artifices et de ses
métamorphoses, après avoir joué tout seul les personnages de la
comédie humaine, se montre avec son visage naturel et se découvre par la fierté . . .") rappelle encore les transformations
magiques de l'amour-propre notées dans la réflexion de 1659.

L'intérêt est aussi incorporé dans le même cycle de réflexions
du manuscrit de Liancourt par l'usage de l'image de l'acteur,
notamment dans les maximes 15 ("L'intérêt fait jouer toute sorte
de personnages, et même celui de désintéressé") et 177 ("L'intérêt parle toute sorte de langues et joue toute sorte de personnages, même celui de désintéressé"). Une personnification
pareille de l'intérêt reparaît chez Esprit: "L'on admire ces excel-
lents comédiens qui savent si bien diversifier le ton de leur voix,
leur geste, et leur action, qu'ils font à la fois deux différents
personnages. Mais l'on serait bien plus surpris, si l'on avait découvert que l'intérêt joue lui seul ce nombre infini de personnages
qu'on voit sur le théâtre du monde . . ." (I, p.594). Enfin, la
maxime 122 du manuscrit révèle que la vanité est aussi pour La
Rochefoucauld, de même que pour Esprit, une passion multiforme
et universelle: "On ne saurait compter toutes les espèces de
vanité."[16] Toutes ces analogies indiquent assez que les deux collaborateurs conçoivent de façon semblable les activités de l'orgueil, de l'amour-propre, de l'intérêt, et de la vanité, et les rap-
prochent par un vocabulaire applicable à tous les quatre. Il est
d'ailleurs à remarquer que ces rapprochements rendent tout à fait
clair l'usage péjoratif de ces termes chez Esprit et La Rochefoucauld, et que l'association théologique du péché s'attache
toujours chez eux aux mots amour-propre, orgueil, intérêt et
vanité.

Les rapports d'équivalence qui unissent ainsi ces quatre termes
n'empêchent pas La Rochefoucauld et Esprit de distinguer entre

eux et de leur assigner parfois des significations différentes. Dans
la maxime 3 du manuscrit de Liancourt, qui fournira l'épigraphe
de l'édition définitive, l'amour-propre et l'orgueil apparaissent à la
fois comme deux sujets distincts: "Nous sommes préoccupés de
telle sorte en notre faveur que ce que nous prenons le plus
souvent pour des vertus ne sont en effet que des vices qui leur
ressemblent et que l'orgueil et l'amour-propre nous ont déguisés."
Les deux termes sont encore réunis dans la maxime 25 du manuscrit sur la colère ("On ne fait point de distinction dans la colère,
bien qu'il y en ait une légère et quasi innocente, qui vient de
l'ardeur de la complexion, et une autre très criminelle, qui est à
proprement parler la fureur de l'orgueil et de l'amour-propre") et
dans le passage d'Esprit qui s'y rapporte: "Plutarque, qui a connu
parfaitement cette passion, dit 'qu'elle tire son origine de l'orgueil
et de l'amour-propre; l'orgueil lui donne sa fierté, son enflure, et
l'impétuosité de ses mouvements; et l'amour-propre lui fournit un
million de sujets qui la font naître et qui la nourissent . . .'" (I,
p.332). Evidemment les deux collaborateurs ne considèrent pas
l'orgueil et l'amour-propre comme des mots synonymes, de sorte
qu'on peut se demander ce qui les distingue dans les analyses où
tous deux apparaissent.

A la différence de l'amour-propre, l'orgueil ne représente jamais
un état chez La Rochefoucauld et Esprit; il se définit plutôt
comme une motivation qui peut être consciente ou inconsciente,
mais qui est toujours basse et ignoble selon le contexte théologique
qui s'attache encore au mot. C'est la forme agressive que prend
l'amour-propre dans nos rapports avec autrui, comme La Rochefoucauld l'indique au début de la réflexion de 1659: "L'amour-
propre est l'amour de soi-même et de toutes choses pour soi; il
rend les hommes idolâtres d'eux-mêmes et les rendrait les tyrans
des autres si la fortune leur en ouvrait les moyens . . .". L'orgueil
est donc bien plus que cette ambition qu'est la vanité d'imposer
aux autres et d'attirer leur estime.[17] C'est un instinct accapareur
et insatiable qui découle de cette "malignité naturelle" de
l'homme signalée dans la maxime 111 du manuscrit de Liancourt,
et qui romprait même tous les liens de la société sans des considérations d'intérêt qui le restreignent: "La justice n'est qu'une vive
appréhension qu'on nous ôte ce qui nous appartient; de là vient
cette considération et ce respect pour tous les intérêts du prochain
et cette scrupuleuse application à ne lui faire aucun préjudice.

Sans cette crainte qui retient l'homme dans les bornes des biens que la naissance ou la fortune lui a donnés, pressé par la violente passion de se conserver, comme par une faim enragée, il ferait des courses continuellement sur les autres."[18] En tant qu'instinct cru de domination, l'orgueil est une passion universelle et absolue, comme La Rochefoucauld le signale dans la maxime 211 du manuscrit: "L'orgueil est égal dans tous les hommes, et il n'y a de différence qu'en la manière de le mettre au jour."

Les hommes étant incapables d'humilité dans leurs rapports mutuels, l'apparition de cette vertu parmi eux devient du même coup suspecte. "Si donc l'orgueil gouverne et maîtrise l'homme," écrit Esprit, "et s'il le met dans cet état qu'il ne peut jamais être soumis, comme chacun l'apprend par son expérience, il est aisé de conclure que lorsque l'homme se méprise et se blâme, ses paroles trahissent ses sentiments; que toutes les fois qu'il s'abaisse devant les autres, c'est pour s'élever au-dessus d'eux. . ." (I, pp. 463–464). La Rochefoucauld dénonce pareillement la présence d'une soif de domination au fond de cette prétendue vertu: "L'humilité est une feinte soumission que nous employons pour soumettre effectivement tout le monde; c'est un mouvement de l'orgueil par lequel il s'abaisse devant les hommes pour s'élever sur eux; c'est son plus grand déguisement et son premier stratagème. . ."[19] Ainsi Esprit et La Rochefoucauld se servent du concept de l'orgueil pour présenter la société comme un état de guerre dans lequel des énergies hostiles se heurtent et s'entre-détruisent sans cesse. Comme l'indique la maxime 159 du manuscrit, l'orgueil rend l'homme tour à tour le tyran et la victime des autres: "Si nous n'avions pas d'orgueil, nous ne nous plaindrions pas de celui des autres."

La lutte de tous contre tous, nourrie par l'orgueil d'un chacun, n'est pas pour autant aveugle, ni ouverte. Car si l'orgueil représente la forme la plus brutale de l'amour-propre, cette source protéenne de toutes les conduites humaines n'est pas dépourvue de clairvoyance quand il s'agit de gratifier ses propres désirs. C'est là le paradoxe proposé par le duc dans la réflexion de 1659: "Mais cette obscurité épaisse qui l'environne et qui le cache à lui-même n'empêche pas qu'il ne voie parfaitement ce qui est hors de lui, en quoi il est semblable à nos yeux qui découvrent tout et sont aveugles seulement pour eux-mêmes" (pp. 283–284). Cette clairvoyance de l'amour-propre, c'est l'intérêt, comme le révèlent la maxime 192 du manuscrit de Liancourt (''L'intérêt, à qui on reproche d'aveugler les uns, est ce qui fait toute la lumière des autres''), et la maxime 270 du même texte: ''L'intérêt est l'âme de l'amour-propre, de sorte que comme le corps, privé de son âme, est sans vue, sans ouïe, sans connaissance, sans sentiment et sans mouvement, de même l'amour-propre séparé, s'il le faut dire ainsi, de son intérêt, ne voit, n'entend, ne sent et ne se remue plus. . .''. Puisque l'intérêt constitue le motif qui inspire les actions de l'amour-propre, il est, tout comme l'orgueil, incompatible avec la vertu véritable dans la pensée de La Rochefoucauld et d'Esprit.[20] Comme l'intérêt, à l'encontre du mot orgueil, n'avait pas un usage péjoratif fixé par la théologie, La Rochefoucauld a tenu à ôter toute équivoque à son égard dans son *Avis au lecteur* de 1666: ''. . . par le mot d'*Intérêt* on n'entend pas toujours un intérêt de bien, mais le plus souvent un intérêt d'honneur ou de gloire. . .'' (p. 373).

Pour être libre donc des attaches doctrinales, le mot intérêt ne présuppose pas moins la corruption foncière de tous les mouvements de l'âme humaine. Ce n'est pas l'intérêt qui est au service de la vertu, mais l'inverse, comme l'indique la maxime 196 de 1665: ''Le nom de la vertu sert à l'intérêt aussi utilement que les vices.''[21] Une pensée semblable s'exprimait déjà dans la maxime 169 du manuscrit de Liancourt: ''L'intérêt donne toute sorte de vertus et de vices.''[22] L'intérêt ne saurait produire la vertu humaine, puisqu'il est justement une des causes de sa fausseté, selon la maxime 204 du manuscrit: ''Toutes les vertus des hommes se perdent dans l'intérêt, comme les fleuves se perdent dans la mer.'' Par conséquent, l'intérêt, ainsi que l'orgueil, représente une motivation psychologique inséparable de cette passion unique qu'est l'amour-propre, et tout aussi maligne qu'elle. ''La nature, qui se vante d'être toujours sensible,'' écrit le duc dans la maxime 199 du manuscrit de Liancourt, ''est dans la moindre occasion étouffée par l'intérêt.''

Il en résulte que le désintéressement, comme l'humilité, n'existe pas dans les rapports sociaux. ''Qu'est-ce donc que le désintéressement?'' demande Esprit. ''C'est l'intérêt qui a changé de nom afin de n'être pas connu, et qui ne paraît pas sous sa figure naturelle de peur d'exciter l'aversion des hommes. C'est un chemin contraire à celui qu'on tient ordinairement, par lequel les plus fins et les plus déliés parviennent à ce qu'ils désirent. C'est le dernier stratagème de l'ambition'' (I, pp. 456–457). La Rochefoucauld récuse également le désintéressement sous le nom de la bonté dans la maxime 52 du manuscrit de Liancourt: ''. . . la bonté est en effet le plus prompt de tous les moyens dont l'amour-propre se sert pour arriver à ses fins; c'est un chemin dérobé par où il revient à lui-même plus riche et plus abondant; c'est un désintéressement qu'il met à une furieuse usure; c'est enfin un ressort délicat avec lequel il remue, il dispose et tourne tous les hommes en sa faveur.''

En posant que l'amour-propre corrompt tous les mouvements de l'âme, et que l'égoïsme triomphe partout sous les formes de l'orgueil et de l'intérêt, Esprit et La Rochefoucauld ont jeté les bases de leur attaque contre la vertu humaine. Cette attaque générale s'est complétée dans la matière commune par une analyse détaillée de certaines vertus, qui ont tendance à tomber dans deux groupes qui seront examinés tour à tour ici. Ce sont, d'une part, des vertus sociales ou mondaines; et, d'autre part, des vertus héroïques.

*   *   *

On a déjà vu que La Rochefoucauld et Esprit conçoivent la société comme un état de guerre latente, l'homme social étant à la fois le tyran des autres et la victime de leur agressivité. Ce qui refoule ces instincts d'agression et permet à la société de se maintenir, ce n'est pas la justice, mais la crainte mutuelle. C'est là une idée que le duc tient à souligner, puisqu'il y revient encore dans la maxime 145 du manuscrit (''On blâme l'injustice, non pas par la haine qu'on a pour elle, mais par le préjudice qu'on en reçoit''), et dans la maxime 151 du même texte: ''L'amour de la justice n'est que la crainte de souffrir l'injustice.'' Esprit est encore du même avis: ''L'équité des personnes privées qui ont une attention continuelle à ne jamais blesser aucun des intérêts de ceux avec qui ils vivent est une crainte qu'ils ont qu'on ne leur fasse des injustices . . .''. Selon les deux collaborateurs, la véritable justice ne saurait se trouver ni en bas ni en haut de l'échelle sociale. ''L'intégrité des magistrats,'' déclare Esprit, ''est une affectation d'une réputation singulière ou un désir de s'élever aux premières charges . . .'' (I, p.513). La Rochefoucauld répète la même accusation dans la maxime 110 du manuscrit: ''La justice, dans les bons juges qui sont modérés, n'est que l'amour de l'approbation; dans les ambitieux c'est l'amour de leur élévation.''

Ces pensées sur l'absence de l'équité individuelle se lient chez La Rochefoucauld à d'autres maximes qui assombrissent encore plus le tableau qu'il dresse de la société. Le vrai repentir est jugé impossible dans la maxime 92 du manuscrit de Liancourt (''Notre repentir ne vient point de nos actions, mais du dommage qu'elles nous causent'') et encore dans la maxime 168 du même texte: ''Quand il n'y a que nous qui sachions nos crimes, ils sont bientôt oubliés.'' La perversion du sens moral par l'amour-propre fait ainsi disparaître la reconnaissance véritable. Celle qui se manifeste dans la société se fonde toujours sur l'intérêt selon la maxime 100 du manuscrit de Liancourt: ''Il est de la reconnaissance comme de la bonne foi des marchands: elle soutient le commerce, et nous ne payons pas pour la justice de payer, mais pour trouver plus facilement des gens qui nous prêtent.'' Encore cette reconnaissance apparente est-il exceptionnelle, l'ingratitude fournissant la règle générale. ''Les Français ne sont pas seulement sujets, comme la plupart des hommes,'' déclare le duc dans la maxime 8 du manuscrit, ''à perdre également le souvenir des bienfaits et des injures, mais ils haïssent ceux qui les ont obligés; l'orgueil et l'intérêt produit partout l'ingratitude; l'application à récompenser le bien et à se venger du mal leur paraît une servitude à laquelle ils ont peine de s'assujettir.'' Deux variantes sur cette même pensée apparaissent dans la maxime 181 du manuscrit (''Ce qui fait tout le mécompte que nous voyons dans la reconnaissance des hommes, c'est que l'orgueil de celui qui donne, et l'orgueil de celui qui reçoit, ne peuvent convenir du prix du bienfait'') et dans la maxime 242 de 1665: ''L'orgueil ne veut pas devoir, et l'amour-propre ne veut pas payer.''[23] Par leur malignité naturelle, les hommes sont non seulement incapables de pratiquer la reconnaissance, mais aussi incapables de la comprendre. C'est là la signification du paradoxe présenté par la maxime 244 du manuscrit de Liancourt (''Il n'est pas si dangereux de faire du mal à la plupart des hommes que de leur faire trop de bien'') et qui se retrouve, sous une forme quelque peu différente, dans la maxime 105 du même texte: ''Le mal que nous faisons aux autres ne nous attire point tant la persécution et leur haine que les bonnes qualités que nous avons.''

Le pessimisme qui caractérise la présentation de la société chez La Rochefoucauld et Esprit est reflété dans leur examen des rapports plus personnels qui s'établissent entre des individus.

L'homme, étant le prisonnier de son égoïsme, ne saurait entretenir des relations réciproques avec autrui. L'amitié, comme la reconnaissance, n'est en effet qu'un commerce. "Les amitiés ordinaires," écrit Esprit, "sont des trafics honnêtes où nous espérons faire plusieurs sortes de gains qui répondent aux prétentions différentes que nous avons, ou pour mieux dire, à nos passions différentes" (I, p.164). La maxime 22 du manuscrit de Liancourt est encore plus catégorique: "L'amitié la plus sainte et la plus sacrée n'est qu'un trafic où nous croyons toujours gagner quelque chose." La même attitude désabusée envers l'amitié se manifeste dans les maximes 97 ("La ruine du prochain plaît aux amis et aux ennemis") et 167 du même texte: "Nous ne sommes pas difficiles à consoler des disgrâces de nos amis lorsqu'elles servent à nous faire faire quelque belle action."[24]

Si La Rochefoucauld s'efforce de démasquer l'amitié, c'est qu'il y voit un des déguisements les plus habiles de l'intérêt, de sorte que la maxime 7 du manuscrit de Liancourt s'applique en effet à toute amitié: "Nous nous persuadons souvent d'aimer les gens plus puissants que nous; l'intérêt seul produit notre amitié, et nous ne leur promettons pas selon ce que nous leur voulons donner, mais selon ce que nous voulons qu'ils nous donnent." Au vrai, c'est l'intérêt seul qui produit des sentiments qu'on attribue à l'amitié; que ce soit la joie devant le succès de nos amis ("Le premier mouvement de joie que nous avons du bonheur de nos amis ne vient ni de la bonté de notre naturel, ni de l'amitié que nous avons pour eux; c'est un effet de l'amour-propre qui nous flatte de l'espérance d'être heureux à notre tour ou de retirer quelque utilité de leur bonne fortune"),[25] ou la tristesse causée par leur mort: "Nous ne regrettons pas la perte de nos amis selon leur mérite, mais selon nos besoins et l'opinion que nous croyons leur avoir donnée de ce que nous valons."[26]

L'exploitation d'autrui sous le voile de l'amitié n'est qu'une des ruses de l'intérêt que La Rochefoucauld et Esprit prennent soin de débusquer. La maxime 90 du manuscrit de Liancourt, qui satirise la fidélité comme un des calculs les plus raffinés de l'amour-propre, provient assez clairement des expériences de La Rochefoucauld pendant la Fronde, et représente sans doute une de ses contributions à la matière commune:

La fidélité est une invention rare de l'amour-propre par laquelle l'homme, s'érigeant en dépositaire des choses précieuses, se rend lui-même infiniment précieux; de tous les trafics de l'amour-propre, c'est celui où il fait moins d'avances et de plus grands profits; c'est un raffinement de sa politique, car il engage les hommes par leurs biens, par leur honneur, par leur liberté et par leur vie qu'ils sont forcés de confier en quelques occasions, à élever l'homme fidèle au-dessus de tout le monde.

La sincérité apparaît également, cette fois chez tous les deux collaborateurs, comme une démarche intéressée. "La sincérité," écrit Esprit, "est donc une ouverture de coeur qui tend à nous ouvrir celui de nos amis . . . ou une ambition exquise qu'on ait une déférence aveugle pour nos paroles" (I, p.121). Une dénonciation pareille de cette vertu se trouve dans la maxime 43 du manuscrit de Liancourt ("La sincérité c'est une naturelle ouverture de coeur; on la trouve en fort peu de gens et celle qui se pratique d'ordinaire n'est qu'une fine dissimulation pour arriver à la confiance des autres") et encore dans la maxime 81 du même texte: "La vérité qui fait les gens véritables est une imperceptible ambition qu'ils ont de rendre leur témoignage considérable et d'attirer à leurs paroles un respect de religion." La maxime 82 du manuscrit indique en outre comment la confession de nos défauts vise subtilement notre avantage: "Nous avouons nos défauts pour réparer le préjudice qu'ils nous font dans l'esprit des autres par l'impression que nous leur donnons de la justice du nôtre." Enfin, rien n'illustre mieux la fausseté de la sincérité que ces consultations où deux intérêts s'affrontent:

> Rien n'est plus divertissant que de voir deux hommes assemblés, l'un pour demander conseil, et l'autre pour le donner; l'un paraît avec une déférence respectueuse et dit qu'il vient recevoir les conduites et soumettre ses sentiments, et son dessein le plus souvent est de faire passer les siens et de rendre celui qu'il fait maître de son avis garant de l'affaire qu'il lui propose. Quant à celui qui conseille, il paye d'abord la sincérité de son ami d'un zèle ardent et désintéressé qu'il lui montre, et cherche en même temps dans ses propres intérêts des règles de conseiller, de sorte que son conseil lui est bien plus propre qu'à celui qui le reçoit.[27]

Chez La Rochefoucauld, toute une série de maximes ironiques sur les louanges prolonge la preuve de l'inauthenticité des rapports humains. Une maxime de la lettre 6 dévoile le but caché des louanges ("On ne donne des louanges que pour en profiter").[28] La maxime 154 du manuscrit de Liancourt est même plus spécifique: "On ne loue que pour être loué." Peu importe si les louanges n'apportent pas toujours des avantages concrets, puisqu'elles flattent toujours notre vanité, selon la maxime 18 du manuscrit: "C'est plutôt par l'estime de nos sentiments que nous exagérons les bonnes qualités des autres que par leur mérite, et nous nous louons en effet lorsqu'il semble que nous leur donnons des louanges." Le début de la maxime 29 du manuscrit reprend cette idée, tout en indiquant comment la louange offre un profit mutuel au flatteur et au flatté: "On n'aime point à louer, et on ne loue jamais personne sans intérêt; la louange est une flatterie habile, cachée, et délicate qui satisfait différemment celui qui la donne et celui qui la reçoit. L'un la prend comme la récompense de son mérite, l'autre la donne pour faire remarquer son équité et son discernement." La fin de cette même maxime signale un autre usage intéressé des louanges: "Nous choisissons souvent des louanges empoisonnées qui découvrent par contrecoup des défauts en nos amis, que nous n'osons divulguer. Nous élevons même la gloire des uns pour abaisser par là celle des autres, et on louerait moins Monsieur le Prince et Monsieur de Turenne si on ne voulait pas les blâmer tous les deux." La même idée s'exprime, sous une forme plus générale, dans la maxime 193 du manuscrit ("Il y a des reproches qui louent et des louanges qui médisent"), qui développe à la fois une opinion présentée initialement dans la maxime 161: "Peu de gens sont assez sages pour aimer mieux le blâme qui leur sert que la louange qui les trahit." C'est toujours la vanité qui gouverne nos relations avec autrui, de sorte que la modestie même apparaît en fin de compte comme le contraire de ce qu'elle semble. "La modestie, qui semble refuser les louanges, n'est en effet qu'un désir d'en avoir de plus délicates," déclare le duc dans la maxime 20 du manuscrit; et il y revient dans la maxime 232 du même texte: "Le refus des louanges est un désir d'être loué deux fois."

La démolition de la sincérité par La Rochefoucauld et Esprit s'intègre dans la présentation commune à tous deux d'une société dominée par l'apparence et l'imposture. En effet, ces thèmes sont même plus marqués chez La Rochefoucauld que chez son collaborateur, et constituent un aspect essentiel de son analyse de la

société. Si l'image de l'acteur est appliquée à l'amour-propre par
les deux écrivains, le perception de la comédie humaine déclenchée par cette passion et du prix donné à ceux qui jouent avec
talent est sans aucun doute plus aiguë chez le duc. ''Dans toutes
les professions et dans tous les arts,'' écrit-il dans la maxime 172
du manuscrit de Liancourt, ''chacun se fait une mine et un extérieur qu'il met en la place de la chose dont il veut avoir le
mérite, de sorte que tout le monde n'est composé que de mines,
et c'est inutilement que nous travaillons à y trouver les choses.''

Dans une société qui ne cherche qu'à être éblouie, c'est par
leurs qualités brillantes plutôt que par la solidité de leur mérite
que les hommes montent en grade. ''On admire tout ce qui
éblouit,'' déclare la maxime 185 du manuscrit, ''et l'art de savoir
bien mettre en oeuvre de médiocres qualités dérobe l'estime et
donne souvent plus de réputation que le véritable mérite.'' La
maxime 165 du même texte développe encore ce constat: ''Le
monde, ne connaissant point le véritable mérite, n'a garde de
pouvoir le récompenser; aussi n'élève-t-il à ses grandeurs et à ses
dignités que des personnes qui ont de belles qualités apparentes et
il couronne généralement tout ce qui luit quoique tout ce qui luit
ne soit pas de l'or.'' Encore les hommes sont-ils sujets à des
vogues, comme les choses, selon la maxime 202 du manuscrit:
''La plupart des gens ne voient dans les hommes que la vogue
qu'ils ont et le mérite de leur fortune.'' Et cette vogue est créée,
soit par l'habileté même des ambitieux, d'après la maxime 171 du
même texte (''Pour s'établir dans le monde, on fait tout ce qu'on
peut pour y paraître établi''); soit par l'autorité du pouvoir établi:
''Les rois font des hommes comme des pièces de monnaie, ils les
font valoir ce qu'ils veulent et on est forcé de les recevoir selon
leurs cours et non selon leur véritable prix.''[29]

Si l'on se tenait à ces maximes, il serait encore possible selon
La Rochefoucauld de porter un jugement de valeur, quoique toujours négatif, sur des gens en place. Mais le duc indique ailleurs
que la fausseté caractérise non seulement les gens en place, mais
aussi ceux qui les jugent. ''La haine qu'on a pour les favoris,''
observe-t-il dans la maxime 98 du manuscrit de Liancourt, ''n'est
autre chose que l'amour de la faveur; c'est aussi la rage de
n'avoir point la faveur, qui se console et s'adoucit un peu par le
mépris des favoris; c'est enfin une secrète envie de les détruire
qui fait que nous leur ôtons nos propres hommages, ne pouvant

pas leur ôter ce qui leur attire ceux de tout le monde.'' L'envie,
qui fausse nos jugements, est inséparable de la malignité naturelle:
''La promptitude avec laquelle nous croyons le mal sans l'avoir
assez examiné est aussi bien un effet de paresse que d'orgueil; on
veut trouver des coupables, mais on ne veut pas se donner la
peine d'examiner les crimes.''[30] Comme c'est toujours l'amour-
propre qui s'érige en juge moral d'autrui et qui interprète la réalité
à son gré, tout jugement est relatif et partial:

> Comme si ce n'était pas assez à l'amour-propre d'avoir la vertu
> de se transformer lui-même, il a encore celle de transformer ses
> objets . . . En effet, lorsqu'une personne nous est contraire, et
> qu'elle tourne sa haine et sa persécution contre nous, c'est avec
> toute la sévérité de la justice que notre amour-propre juge ses
> actions, il donne même une étendue à ses défauts qui les rend
> énormes, et met ses bonnes qualités dans un jour si désa-
> vantageux qu'elles deviennent plus dégoûtantes que ses défauts.
> Cependant, dès que cette même personne nous devient favora-
> ble ou que quelqu'un de nos intérêts l'a réconciliée avec nous,
> notre seule satisfaction rend aussitôt à son mérite le lustre que
> notre aversion venait d'effacer.[31]

Comme cette maxime le suggère si fortement, l'amour-propre,
qui est la seule optique dont se servent les hommes pour se
connaître les uns les autres, déforme tout ce qui entre dans son
champ de vision, de sorte que la réalité reste toujours méconnue
ou méconnaissable.

Ce que toutes ces maximes tendent alors à démontrer, c'est que
non seulement le mérite personnel n'existe pas à l'état pur, mais
aussi que la société ne saurait le reconnaître, en admettant qu'il
existe. Tandis qu'un amour-propre insatiable pousse l'individu à
imposer sa valeur aux autres, ceux-ci ne visent qu'à minimiser
cette valeur pour agrandir la leur. D'où l'absurdité de la gloire,
que l'amour-propre réussit néanmoins à présenter à tous comme
le plus grand des biens. ''Nous récusons tous les jours des juges
pour les plus petits intérêts,'' écrit La Rochefoucauld dans la
maxime 46 du manuscrit de Liancourt, ''et nous commettons
notre gloire et notre réputation, qui est la plus importante affaire
de notre vie, aux hommes qui nous sont tous contraires, ou par
leur jalousie, ou par leur malignité, ou par leur préoccupation, ou

par leur sottise, ou par leur injustice, et c'est pour obtenir d'eux un arrêt en notre faveur que nous exposons notre vie et que nous la condamnons à une infinité de soucis, de peines, et de travaux.''[32] Pour La Rochefoucauld, la recherche de la gloire en tant qu'estime publique est un bien chimérique dans le monde de l'amour-propre, de sorte que le dernier refuge de l'idéalisme, qui serait l'aspiration seule vers le sublime, se trouve démoli.[33] Ainsi l'exposé de la théorie de l'amour-propre aboutit tout naturellement à une accusation puissante portée par les deux collaborateurs contre l'éthique héroïque de la gloire.

La gloire, telle que les contemporains de La Rochefoucauld et d'Esprit l'ont conçue, ne se confinait plus comme au temps de Montaigne, à la quête de l'admiration publique, mais représentait aussi une fin éthique qui se confondait avec l'affirmation orgueilleuse de l'autonomie morale de l'homme.[34] Plongeant ses racines dans l'idéalisme noble, l'éthique de la gloire avait tendance à célébrer les anciennes vertus chevaleresques: la magnanimité, la libéralité, la valeur militaire, la générosité, la clémence, la modération devant le succès. Or, cette morale prestigieuse, qui vantait comme le stoïcisme le pouvoir de l'homme de se créer et de s'affirmer supérieur, a rencontré un ennemi mortel dans la psychologie janséniste, et surtout dans le concept de l'amour-propre. Car dans leur présentation de ce concept, La Rochefoucauld et Esprit ont désigné l'égoïsme comme une motivation psychologique d'application universelle. Ce postulat radical discrédite d'avance non seulement toute morale qui, comme le stoïcisme, part de la bonté naturelle de l'homme, mais aussi toute morale aristocratique qui restreint l'amour du sublime à certaines âmes bien nées. Il est donc clair que l'antistoïcisme des deux collaborateurs et leur réfutation de l'éthique de la gloire procèdent d'une seule réaction contre l'héroïsme. Puisque l'amour-propre a triomphé de la volonté et de la raison, la grandeur humaine n'existe pas, et les deux collaborateurs se donnent pour tâche de montrer que toutes les qualités d'âme qui semblent élever un homme au-dessus du commun ne sont que des simulacres de grandeur et de vertu.

La matière commune, de même que les maximes de La Rochefoucauld qui semblent y avoir trouvé leur point de départ, fait donc preuve d'un dénigrement systématique des vertus héroïques les plus célèbres. La constance devant l'épreuve, qui

devrait révéler la trempe extraordinaire de l'âme, est jugée par le
duc comme un effet d'ambition et de vanité: "Les grands hommes
s'abattent et se démontent à la fin par la longueur de leurs infortunes; cela ne veut pas dire qu'ils fussent forts quand ils les
supportaient, mais seulement qu'ils se donnaient la gêne pour le
paraître, et qu'ils soutenaient leurs malheurs par la force de leur
ambition et non par celle de leur âme; cela fait voir manifestement
qu'à une grande vanité près les héros sont faits comme les autres
hommes."[35] Esprit en offre la même analyse: "La constance avec
laquelle les grands hommes reçoivent et supportent les accidents
inopinés, les grandes afflictions, et les infortunes, n'est qu'un
masque de fermeté qu'ils prennent pour tromper les autres, et qui
les trompe souvent eux-mêmes" (II, p.443). Encore comme le
duc, Esprit croit que la vanité seule distingue les héros: "Ce seul
exemple [d'Alexandre devant la mort] fait voir qu'avec quelque
fatigue que les héros travaillent toute leur vie à établir leur rang et
se mettre au-dessus des hommes, ils ont les mêmes craintes et les
mêmes faiblesses qu'ont ceux qu'on appelle pusillanimes, et qu'à
la vanité près, qui enfle et affermit leur coeur, ils sont faits
comme les autres hommes" (II, p.210).

La clémence, cet autre signe de la maîtrise de soi, se réduit
pareillement à des mobiles intéressés. "La clémence," déclare La
Rochefoucauld dans la maxime 217 du manuscrit de Liancourt,
"c'est un mélange de gloire, de paresse, et de crainte dont nous
faisons une vertu."[36] Chez les rois, cette vertu n'est qu'une
politique, selon la maxime 83 du manuscrit ("La clémence des
princes est une politique dont ils se servent pour gagner l'affection
des peuples"), et selon Esprit dans son chapitre sur ce sujet: "La
clémence des rois dont le gouvernement n'est pas tyrannique est
aussi quelquefois une politique et un moyen dont ils se servent
pour gagner les coeurs de leurs sujets, et surtout celui des grands
seigneurs qui ont des qualités à se faire craindre . . ." (I, p.262).
L'ostentation et la vanité sont également au fond de la modération
des grands. D'après Esprit, cette vertu est causée par le désir de
ne pas déchoir d'un état heureux et d'éviter autant que possible
l'envie et les erreurs qu'un état d'ivresse peut produire. En dernier lieu, conclut-il, les hommes ". . . sont modérés . . . afin
qu'on croie que quelque grande que soit leur élévation, leur âme
est encore plus grande que leur fortune" (II, p.60). L'analyse de
la modération faite par La Rochefoucauld dans la maxime 77 du

manuscrit est essentiellement la même, bien que plus brève: "La modération dans la bonne fortune est le calme de notre humeur adoucie par la satisfaction de l'esprit; c'est aussi la crainte du blâme et du mépris qui suivent ceux qui s'enivrent de leur bonheur, c'est une vaine ostentation de la force de notre esprit, et enfin, pour la définir intimement, la modération des hommes dans leurs plus hautes élévations est une ambition de paraître plus grands que les choses qui les élèvent."[37]

A ces analyses démystifiantes de la constance, la modération et la clémence que La Rochefoucauld et Esprit semblent avoir formulées ensemble s'ajoutent d'autres maximes du manuscrit de Liancourt qui dénigrent encore d'autres vertus héroïques. La libéralité, ainsi que la constance, est ramenée à un effet de vanité dans la maxime 32: "Il n'y a point de libéralité et ce n'est que la vanité de donner que nous aimons mieux que ce que nous donnons." La maxime 179 suggère que l'honneur, comme la piété, est souvent un effet d'hypocrisie: "Quelque industrie que l'on ait à cacher ses passions sous le voile de la piété et de l'honneur, il y en a toujours quelque coin qui se montre." La définition de la générosité faite dans la maxime 40, tout comme celle de la bonté dans la maxime 52, refuse encore à l'homme l'oubli de soi-même: "La générosité c'est un désir de briller par des actions extra-ordinaires, c'est un habile et industrieux emploi du désintéressement, de la fermeté en amitié, et de la magnanimité, pour aller plus promptement à une grande réputation." Quant à la magnanimité, qui représente l'ensemble de toutes ces vertus portées à leur perfection, La Rochefoucauld n'y voit dans la maxime 254 qu'un autre exemple de la voracité de l'amour-propre: "La magnanimité méprise tout pour avoir tout." Cette dernière maxime devrait éclaircir, pensons-nous, le paradoxe présenté par la maxime 216, dans laquelle certains commentateurs ont voulu trouver une réhabilitation de la magnanimité par La Rochefoucauld. Car tout en y déclarant que cette vertu est "le bon sens de l'orgueil et la voie la plus noble qu'elle ait pour recevoir des louanges", le duc ne laisse pas d'égaler la magnanimité à l'orgueil, ce qui en prouve assez sa fausseté.

Les considérations de La Rochefoucauld et d'Esprit sur la gloire se rencontrent encore là où il s'agit de rabattre le courage militaire. De toutes les hautes qualités qui distinguaient le héros, celle-ci, étant la plus indispensable de toutes, a reçu le plus d'attention de la part des deux collaborateurs. Vu les expériences de La Rochefoucauld pendant la Fronde, il est très probable que l'inspiration de bien de ces pensées sur le comportement des hommes à la guerre lui reviennent en premier lieu. Les lettres 4 et 6, qui présentent deux formulations de la maxime 153 du manuscrit de Liancourt et un commentaire destiné à éclairer Esprit sur son sens, indiquent en tout cas que La Rochefoucauld avait des vues personnelles sur ce sujet qu'il tenait à exprimer. On a déjà observé que la maxime 36 du manuscrit ("La valeur dans les simples soldats est un métier périlleux qu'ils ont pris pour gagner leur vie") correspond chez Esprit à une citation d'Aristote que le duc semble lui avoir empruntée.[38] La maxime 182 du même texte qui découvre dans la valeur des mobiles ignobles ("La vanité et la honte, et surtout le tempérament, fait la valeur des hommes et la chasteté des femmes, dont chacun mène tant de bruit") se rapproche également d'un passage d'Esprit: "Ainsi pendant que l'ardeur du tempérament rend les hommes hardis, et leur donne une extrême facilité à exécuter les actions guerrières, la froideur de la complexion des femmes, et leur timidité naturelle, les aident merveilleusement à pratiquer l'honnêteté et la modestie" (II, p.91). Mais à part ces réflexions partagées avec Esprit, le manuscrit de Liancourt offre bien d'autres maximes dans lesquelles La Rochefoucauld essaye de cerner ce phénomène de la bravoure et de révéler sa véritable nature.

La maxime 33 ajoute ainsi d'autres causes à celles signalées dans la maxime 182: "L'amour de la gloire et plus encore la crainte de la honte, le dessein de faire fortune, le désir de rendre notre vie commode et agréable et l'envie d'abaisser les autres font cette valeur qui est si célèbre parmi les hommes." On peut remarquer que la structure de cette maxime présente l'amour de la gloire comme un intérêt parmi d'autres qui concourent dans certains cas à produire la valeur. Néanmoins cette concordance est rare, et La Rochefoucauld indique ailleurs que l'intérêt de gloire doit inéluctablement entrer en conflit avec l'instinct de conservation. La maxime 35 du manuscrit le déclare de façon satirique ("On ne veut pas perdre la vie, et on veut acquérir de la gloire; de là vient que, quelque chicane qu'on remarque dans la justice, elle n'est point égale à la chicane des braves"); la même idée reparaît à la fin de la maxime 54: "Il y a encore un autre ménage plus général qui, à parler absolument, s'étend sur toute sorte d'hommes: c'est qu'il n'y en a point qui fassent tout ce qu'ils seraient capables de faire dans une occasion s'ils avaient une certitude d'en revenir; de sorte qu'il est visible que la crainte de la mort ôte quelque chose à leur valeur et diminue son effet.''[39] C'est encore cette crainte de la mort qui rapproche, selon la même maxime, les réactions les plus diverses des hommes devant le péril: ''. . . il y a un rapport général que l'on remarque entre tous les courages des différentes espèces dont nous venons de parler, qui est que la nuit, augmentant la crainte et cachant les bonnes et les mauvaises actions, leur donne la liberté de se ménager.'' Ainsi la valeur d'un homme ne se manifeste que dans la présence des autres, parce qu'elle ne vise qu'à éviter leur mépris. ''La pure valeur (s'il y en avait),'' écrit le duc dans la maxime 65 du manuscrit, ''serait de faire sans témoins ce qu'on est capable de faire devant le monde.''

Or, La Rochefoucauld admet volontiers dans la réflexion sur le mépris de la mort de 1665 que ce désir de sauver les apparences qu'est l'amour de la gloire confère parfois aux grands une certaine force d'âme devant la mort: ''. . . c'est l'amour de la gloire qui ôte aux grands hommes la vue de la mort dans le mépris qu'ils font paraître quelquefois pour elle. . .''. Il est vrai aussi, selon la maxime 76 du manuscrit, que cette même soif de la gloire est la cause, bien que fortuite, des victoires: ''Ceux qui voudraient définir la victoire par sa naissance seraient tentés, comme les poètes, de l'appeler la fille du Ciel puisqu'on ne trouve point son origine sur la terre; en effet elle est produite par une infinité d'actions qui, au lieu de l'avoir pour but, regardent seulement les intérêts particuliers de ceux qui les font, puisque tous ceux qui composent une armée, allant à leur propre gloire et à leur élévation, procurent un bien si grand et si général.'' Il est néanmoins assez évident que l'amour de la gloire est toujours un mobile intéressé selon La Rochefoucauld, et que la force d'âme qu'il est capable de produire n'a rien de vertueux. La maxime 6 de l'édition hollandaise, de même que la maxime 2 de la copie SL, le déclare catégoriquement: ''Si on avait ôté à ce qu'on appelle force le désir de conserver, et la crainte de perdre, il ne lui resterait pas grand'chose.''[40]

C'est à la lumière de toutes ces maximes, croyons-nous, qu'on

doit interpréter la maxime 66 du manuscrit de Liancourt sur
l'intrépidité:

> L' intrépidité est une force extraordinaire de l'âme par laquelle
> elle empêche les troubles, les désordres et les émotions que la
> vue des grands périls a accoutumé d'élever en elle; par cette
> force les héros se maintiennent dans un état paisible et conser-
> vent l'usage libre de toutes leurs fonctions dans les accidents
> les plus terribles et les plus surprenants. Cette intrépidité
> doit soutenir le coeur dans les conjurations, au lieu que la seule
> valeur lui fournit toute la fermeté qui lui est nécessaire dans les
> périls de la guerre.

Or, La Rochefoucauld ne présente pas dans cette maxime une
analyse des mobiles qui produisent le fait qu'il décrit, et qui
peuvent être bas selon son système. Il constate le fait, se conten-
tant de montrer ailleurs que cette vertu est toujours contaminée
en réalité par l'intérêt. On peut remarquer qu'Esprit donne une
définition pareille de l'intrépidité, ce qui ne l'empêche pas de nier
l'existence de cette vertu:

> La vaillance n'est donc pas le mépris de la vie, mais une force
> d'âme qui fait que nous nous exposons aux plus visibles dan-
> gers de la perdre toutes les fois que nous y sommes obligés par
> notre devoir. Cette force d'âme empêche si peu la crainte de la
> mort, qu'au contraire, elle la suppose, et n'a de mérite que
> parce qu'elle la soumet: car quelle doit être la force qui
> triomphe de la plus violente de toutes les passions de l'homme,
> d'une passion qui lui fait voir la mort non seulement comme la
> cessation de la vie, mais aussi comme la fin de son bonheur, de
> tous ses desseins, et de toutes ses espérances . . . (II, pp. 161–
> 162).

Nous avons déjà vu, pourtant, qu'Esprit prouve longuement
ailleurs la fausseté du mépris de la mort; et dans ce même
chapitre sur la vaillance, il décèle deux mobiles intéressés chez les
braves que La Rochefoucauld a déjà signalés dans la maxime 33
du manuscrit: ce sont l'ambition, qu'Esprit égale à la soif de la
gloire, et ". . . l'envie d'établir leur réputation, pour pouvoir
quelque jour se reposer avec honneur et mener une vie douce."[41]

Ce qui démontre aux yeux de La Rochefoucauld et d'Esprit que l'amour de la gloire provient de l'égoïsme, c'est qu'il s'allie tout aussi bien avec le crime qu'avec la vertu. Les hommes atteignent les faîtes de la gloire par le mal comme par le bien, selon la maxime 37 du manuscrit de Liancourt: "Les crimes deviennent innocents et même glorieux par leur nombre et par leur excès; de là vient que les voleries publiques sont des habiletés, et que les massacres des provinces entières sont des conquêtes."[42] Esprit déclare parallèlement: ". . . pour définir comme il faut les héros et les conquérants, l'on pourrait dire que c'étaient des forcenés d'ambition qui couraient le monde et qui se jetaient sur tous ceux qu'ils rencontraient et les massacraient inhumainement, et que c'étaient des criminels heureux qui se rendaient célèbres par le nombre et par la grandeur de leurs crimes" (II, p.288). De ces considérations sur les conquérants, La Rochefoucauld et Esprit sont d'accord à tirer la même conclusion, exprimée par le duc dans la maxime 93 du manuscrit ("Il y a des héros en mal comme en bien"), et par Esprit dans son chapitre sur la modération: "Ne pourrait-on même dire qu'il y a des héros en mal comme il y a des héros en bien, puisqu'on voit des gens avoir dessein de rendre leurs crimes et leurs forfaits illustres; qui font des plans suivis et ordonnés des grandes vengeances qu'ils veulent prendre, et des noirs attentats qu'ils veulent commettre, et qui les exécutent avec résolution, avec éclat, et avec fermeté" (II, p.52). La maxime 140 du manuscrit de Liancourt coupe pareillement tout lien entre la vertu et la gloire ("Les grandes âmes ne sont pas celles qui ont moins de passions et plus de vertu que les âmes communes, mais celles qui ont seulement de plus grandes vues"); la maxime 203 du même texte suggère encore cette rupture en ajoutant la grandeur des défauts à l'ambition et la vanité des grands: "Il n'appartient qu'aux grands hommes d'avoir de grands défauts."

Par conséquent, la grandeur elle-même n'est qu'une apparence trompeuse qui s'évapore si on la regarde de trop près. "Les affaires et les actions des grands hommes ont comme les statues leur point de perspective," affirme La Rochefoucauld dans la maxime 60 du manuscrit; "il y en a qu'il faut voir de près pour en discerner toutes les circonstances, et il y en a d'autres dont on ne juge jamais si bien que quand on en est éloigné."[43] Car les actions des grands, comme Esprit et La Rochefoucauld s'acharnent à le montrer, ne résultent guère de leur propre initiative, mais des causes étrangères à leur volonté.[44] La maxime 126 du manuscrit refuse même la grandeur des intérêts aux héros, et attribue leurs actions aux humeurs et aux passions: "Les grandes et éclatantes actions qui éblouissent les yeux des hommes sont représentées par les politiques comme les effets des grands intérêts, au lieu que ce sont d'ordinaire les effets de l'humeur et des passions; ainsi la guerre d'Auguste et d'Antoine, qu'on rapporte à l'ambition qu'ils avaient de se rendre maîtres du monde, était un effet de la jalousie." Esprit observe de même que ". . . la jalousie a bien souvent beaucoup de part aux plus grands exploits et que tel dans toute une campagne n'aurait fait que des actions ordinaires, qui par l'envie de triompher d'un rival en fait de belles et éclatantes" (II, p.173). La maxime 198 du manuscrit rattache encore les grandes actions à des causes insignifiantes et involontaires: "Quoique la vanité des ministres se flatte de la grandeur de leurs actions, elles sont bien souvent les effets du hasard ou de quelque petit dessein."[45] Enfin, la maxime 31 du même texte enlève tout mérite aux grands et aux héros en niant tout rapport entre leurs talents naturels et leur élévation: "Quelques grands avantages que la nature donne, ce n'est pas elle, mais la fortune, qui fait les héros."[46]

Ces réflexions sur l'esclavage des grands à des forces extérieures qui détruisent leur autonomie morale représentent le point extrême de l'attaque contre la gloire dressée par La Rochefoucauld et Esprit. L'identification déjà faite entre la gloire et la vanité et l'intérêt avait permis d'établir que l'aspiration des hommes vers la grandeur n'avait rien de noble ni de vertueux, puisqu'elle n'était qu'un des appétits de l'amour-propre. Chez les grands, pourtant, cet amour-propre semblait posséder une force extraordinaire, par laquelle les plus ambitieux réussissaient à exercer leur soif de domination et imposer leur prétendu mérite aux autres. Les analyses précédentes de La Rochefoucauld et d'Esprit ont prouvé qu'il n'en est rien: les héros ne contrôlent pas plus que les autres hommes leur destin. Dès lors, les hommes ne se distinguent que par le plus ou le moins d'ambition qui les agite. Comme tous sont dévorés à la fois par la soif de dominer et le besoin d'être admirés par autrui, les grands n'offrent qu'une image élargie de la futilité et de la dispersion humaines.[47]

CHAPITRE IV

LA MORALE DE LA ROCHEFOUCAULD

Ainsi l'homme héroïque n'existe pas plus que l'homme vertueux, l'héroïsme et la vertu n'étant que des moyens dont se sert l'amour-propre pour gagner ses propres buts. Pour établir ce postulat fondamental de toute leur entreprise, La Rochefoucauld et Esprit ont montré dans l'amour-propre une motivation unique et universelle qu'ils ont égalée aux instincts les plus égoïstes et les plus bas de l'homme. On a déjà observé, toutefois, que l'utilisation de la doctrine de l'amour-propre comme la base d'une analyse des ressorts de la conduite humaine n'était qu'une des possibilités que cette doctrine offrait.[1] Vu comme une force active, l'amour-propre a été doué d'une énergie et d'une clairvoyance singulières. C'était lui qui mobilisait toutes les passions pour les diriger vers la gratification des désirs les plus divers de l'orgueil. Selon cette perspective, l'amour-propre s'est présenté comme la source de toute tromperie et de toute fausseté, le paraître se révélant comme le résultat de ses stratagèmes et de ses déguisements.

En même temps, l'amour-propre en tant qu'état d'âme était susceptible d'un traitement assez différent. Dans ce sens plus large, il servait à décrire la condition de l'homme déchu, qui avait perdu toute connaissance des mouvements profonds de son âme, et qui subissait leur anarchie de façon passive. C'était justement parce que la doctrine de l'amour-propre comportait une théorie de l'inconscient que le jansénisme pourrait convaincre de bassesse non seulement les actions, mais aussi les volontés humaines. "Le coeur humain est un grand mystère," déclare Esprit. "Les pensées et les désirs s'élèvent sur sa surface et peuvent être aperçus. C'est pourquoi il n'y a personne qui ne sache ce qu'il pense et ce qu'il désire; mais les motifs des pensées et des désirs sont cachés dans sa profondeur, qui n'est pénétrée que des yeux de Dieu . . .

'Et c'est là d'où vient,' dit Aristote, 'que nos vraies intentions nous sont la plupart du temps inconnues, et qu'encore que nous sachions souvent ce que les hommes veulent, nous ne voyons jamais clair à leurs volontés' '' (II, p.114).

C'est à cause de ce contraste entre la surface de l'âme et ses profondeurs inconnues que l'amour-propre présente le double visage du trompeur et du trompé chez La Rochefoucauld et Esprit, et que leurs analyses, après avoir démoli le paraître, finissent par vider l'être lui-même de toute consistance.[2] Cette dialectique n'est nulle part mieux en évidence qu'au début de la grande réflexion de 1659, où La Rochefoucauld, après avoir signalé les activités incessantes de l'amour-propre, montre pourquoi il se trompe après avoir trompé les autres:

> On ne peut sonder la profondeur ni percer les ténèbres de ses abîmes; là il est à couvert des yeux les plus pénétrants, il y fait mille insensibles tours et retours; là il y est souvent invisible à lui-même, et il y conçoit, il y nourrit, et il y élève, sans le savoir, un grand nombre d'affections et de haines; il y en forme quelquefois de si monstrueuses que, lorsqu'il les a mises au jour, il les méconnaît ou il ne peut se résoudre à les avouer.
>
> De cette nuit qui le couvre naissent les ridicules persuasions qu'il a de lui-même; de là vient ses erreurs, ses ignorances, ses grossièretés et ses niaiseries sur son sujet; de là vient qu'il croit que ses sentiments sont morts lorsqu'ils ne sont qu'endormis, qu'il s'imagine n'avoir plus envie de courir quand il se repose, et qu'il pense avoir perdu tous les goûts qu'il a rassasiés.[3]

Ce que la personnification poétique de l'amour-propre est destinée ici à révéler, c'est que l'amour-propre ne constitue pas l'essence de l'homme puisqu'il n'a pas d'essence lui-même. Tout au plus représente-t-il l'instinct obscur qui pousse l'homme à chercher son propre bien, mais qui ne saurait guère définir ce bien, de sorte qu'il se dissout enfin dans le caprice.[4] Car cette avidité qui caractérise l'amour-propre le voue en même temps à la dispersion parmi les biens successifs qui le séduisent. ''Il est inconstant,'' observe encore La Rochefoucauld dans la réflexion de 1659, ''et, outre les changements qui lui viennent des causes étrangères, il en a une infinité qui naissent de lui et de son propre fonds, car il est naturellement inconstant et de toutes les manières; il est inconstant d'inconstance, de légèreté, d'inquiétude, de lassitude, et de dégoût.''[5] En frappant d'impuissance l'amour-propre, dont le pouvoir est montré aussi illusoire que celui de la raison et de la volonté et en réduisant l'homme à n'être que la succession des désirs qui ont lieu dans le moi, La Rochefoucauld et Esprit achèvent leur attaque contre l'autonomie morale de l'homme. Privés de tout critère qui leur permettrait de définir le bien, les hommes sont livrés aux forces les plus élémentaires de la nature qui les meuvent à leur insu et les ballottent sans cesse.

Ainsi la théorie de l'amour-propre se montre compatible avec une vision naturaliste de l'homme, malgré le fait que ce courant de pensée venait d'un horizon philosophique très différent du jansénisme. Si ce naturalisme est très marqué chez La Rochefoucauld, et représente un des aspects les plus saisissants de son recueil initial, il apparaît aussi dans l'oeuvre d'Esprit, bien qu'à un degré moindre. La théorie des humeurs du corps promulguée par la médecine aristotélicienne de l'époque fournit à Esprit, aussi bien qu'à La Rochefoucauld, une des causes majeures de l'inconstance de l'homme. ''Comment un homme peut-il se conduire,'' demande Esprit dans son chapitre sur la prudence, ''lui, qui selon l'expression d'un Père de l'Eglise, n'a pas en sa puissance son propre coeur qui est le principe de sa conduite? Que fera-t-il pour arrêter l'inconstance de ses pensées, qui lui font estimer tantôt un bien et tantôt un autre? Celle de sa volonté qui tourne incessamment autour d'un million d'objets; le cours des humeurs qui règnent en lui et qui font naître en lui successivement tant d'affections et de dispositions différentes?'' (I, p.70). Ce cours des humeurs reparaît dans la maxime 50 du manuscrit de Liancourt avec un accent plus déterministe: ''Nous ne nous apercevons que des emportements et des mouvements extraordinaires de nos humeurs, comme de la violence de la colère, etc., mais personne quasi ne s'aperçoit que ces humeurs ont un cours ordinaire et réglé qui meut et tourne doucement et imperceptiblement notre volonté à des actions différentes; elles roulent ensemble, s'il faut ainsi dire, et exercent successivement leur empire, de sorte qu'elles ont une part considérable à toutes nos actions dont nous croyons être les seuls auteurs.''

L'analyse physiologique de certaines vertus pour en prouver la fausseté est encore un trait commun aux deux auteurs. La Rochefoucauld réduit ainsi la chasteté et le courage aux inclinations du tempérament dans la maxime 183 du manuscrit (''La vanité et la honte, et surtout le tempérament, fait la valeur des hommes, et la chasteté des femmes, dont chacun mène tant de bruit''), tandis qu'Esprit déclare que ''. . . ce sont les vices du tempérament qui font souvent des vertus, de sorte que comme la froideur excessive du tempérament est quelquefois la cause principale, pour ne pas dire l'unique, de l'honnêteté des femmes, de même la mollesse de la complexion des personnes débonnaires fait elle seule leur débonnaireté'' (I, p.233).[6] Il se peut encore que l'intérêt porté par le duc et Esprit à la théorie des humeurs ait produit leurs réflexions sur la puissance de la paresse. Selon Esprit, les passions ont plus ou moins de force selon le tempérament et les objets qui les excitent, de sorte qu'un tempérament paresseux peut venir à bout des passions les plus violentes: ''Ainsi la paresse, toute languissante qu'elle est, triomphe de l'ambition, qui est une passion ardente, parce que la paresse est à l'âme ce que les pavots sont au corps, qu'elle l'assouplit et l'endort, et lui fait trouver cette sorte de sommeil beaucoup plus délicieux que tout ce qui peut la satisfaire quand elle veille'' (II, p.322).[7] La maxime 84 du manuscrit de Liancourt présente la même conclusion, quoique dans des termes plus généraux: ''On s'est trompé quand on a cru, après tant de grands exemples, que l'ambition et l'amour triomphaient toujours des autres passions; c'est la paresse, toute languissante qu'elle est, qui en est le plus souvent la maîtresse; elle usurpe insensiblement sur tous les desseins et sur toutes les actions de la vie, et enfin elle émousse et éteint toutes les passions et toutes les vertus.''[8]

La présence d'un nombre de pensées psycho-physiologiques dans la matière partagée avec Esprit est à remarquer pour deux raisons principales. Elle indique d'abord que le naturalisme qui est en évidence dès les premiers textes des *Maximes* ne constitue pas une échappée vers la libre pensée chez La Rochefoucauld, comme l'ont pensé certains critiques,[9] mais représente plutôt une des préoccupations communes aux deux collaborateurs. L'apparition de la théorie des humeurs chez un dévot tel qu'Esprit suggère en deuxième lieu que ce naturalisme n'est probablement pas de source épicurienne, malgré la place que cette théorie a traditionnellement reçue dans ce système de pensée.

En fait, il est vraisemblable que le médecin Marin Cureau de la Chambre (1594–1669), un des membres de l'entourage de Mme de Sablé, est la source du mélange curieux de naturalisme et de jansénisme qui se trouve dans les oeuvres de La Rochefoucauld et d'Esprit.[10] Membre de l'Académie française et médecin ordinaire du roi, La Chambre s'intéressait vivement à l'action du corps sur l'esprit et l'activité morale. Le premier volume de ses *Caractères des passions*, publié en 1640, ne constitue rien de moins, selon l'*Avis au lecteur*, qu'une introduction à un vaste ouvrage sur toute l'histoire naturelle de l'homme: "Ce que je te donne ici n'est qu'une petite partie d'un grand dessein, où je veux examiner les passions, les vertus et les vices, les moeurs et les coutumes des peuples, les diverses inclinations des hommes, leurs tempéraments . . .; en un mot, où je prétends mettre tout ce que la médecine, la morale, et la politique ont de plus rare et de plus excellent."[11] Bien que La Chambre n'ait pas complété la série des volumes projetés dans les *Caractères des passions*, son *Art de connaître les hommes* (1659) reprend plusieurs idées esquissées dans cet ouvrage antérieur, ce qui permet de mesurer l'influence de sa théorie des passions sur La Rochefoucauld et Esprit.

Les indices les plus considérables de cette influence se trouvent dans deux des *Réflexions diverses* de La Rochefoucauld qui témoignent d'une connaissance des ouvrages du médecin, tout en traitant des thèmes étrangers aux *Maximes*. La 11e *Réflexion*, "Du rapport des hommes avec les animaux", qui compare certains tempéraments humains à des tempéraments animaux, semble s'appuyer sur la science de la physionomie que La Chambre avait l'intention d'exposer en détail dans une oeuvre qui s'intitulerait: *De la ressemblance des hommes avec les animaux, où il se trouve que ceux qui ont des parties semblables à celles des bêtes ont les mêmes inclinations qu'elles.*[12] La 12e *Réflexion*, "De l'origine des maladies", reprend également une des idées fondamentales de La Chambre, selon laquelle le bonheur et la santé dépendraient étroitement du bon usage des passions. ". . . Si elles [c'est-à-dire les passions] sont bien réglées," écrit La Chambre dans les *Caractères des passions*, "elles forment les vertus et conservent la santé; mais si elles vont dans l'excès, ce sont les sources d'où les désordres de l'âme et du corps prennent leur origine. Et qui voudra considérer tout ce grand nombre de maladies dont la vie des hommes est à tous moments attaquée, et ces différentes manières par lesquelles elle a la coutume de se perdre, n'en trouvera guère qui n'ait pour première cause quelqu'une des passions de l'âme."[13] C'est par une déclaration semblable que la 12e *Réflexion* débute: ''Si on examine la nature des maladies, on trouvera qu'elles tirent leur origine des passions et des peines de l'esprit.'' Le catalogue qui suit des passions et des maladies qu'elles produisent indique suffisamment l'intérêt porté par le duc à la médecine telle que La Chambre la concevait (pp.206–207).

Versé à la fois dans la littérature et dans la science de son temps, La Chambre s'est adonné à l'étude médicale et morale de l'homme, visant, parfois par des sciences occultes telles que la chiromancie et l'astrologie, à une connaissance plus exacte de la psychologie. Comme bien des théories présentées dans ses deux ouvrages n'ont rien à voir avec les *Maximes*, il est difficile de savoir si La Rochefoucauld a lu ces ouvrages, ou s'il a entendu discuter les théories de La Chambre dans le salon de Mme de Sablé. Toujours est-il que les maximes naturalistes de La Rochefoucauld se placent dans la ligne des idées psycho-physiologiques de La Chambre et leur ressemblent.[14]

Les théories de La Chambre s'orientent vers une explication de la diversité humaine par l'influence des tempéraments qui portent les hommes à certaines passions caractéristiques que le médecin s'efforce d'analyser. La classification des tempéraments adoptée par La Chambre est essentiellement celle d'Aristote, et distingue quatre sortes fondamentales d'organismes: les bilieux, les mélancoliques, les pituiteux, et les sanguins. C'est selon la qualité des humeurs qui dominent dans le corps qu'un homme est prédisposé à certaines émotions et certains actes, et non pas à d'autres. ''. . . Tous les philosophes et tous les médecins,'' écrit La Chambre dans les *Caractères des passions*, ''sont d'accord que la force de toutes les puissances corporelles consiste dans le tempérament qui leur est propre et naturel, parce que le tempérament est la première et la plus efficace de toutes les dispositions que les facultés trouvent dans la matière . . .''.[15] Non seulement la force corporelle, mais aussi la force de l'esprit dépendent étroitement du tempérament, qui n'est à son tour qu'un effet de la constitution physique: ''. . . la force de l'esprit dépend souvent du tempérament, d'où vient que les jeunes gens et les femmes qui ont l'esprit moins fort à cause de leur constitution, ont de la peine à résister à leurs passions.''[16]

C'est à la lumière de ces remarques, croyons-nous, qu'il faut interpréter la maxime 73 du manuscrit de Liancourt, qui offre une rédaction assez ambiguë d'une idée pareille: ''La faiblesse de l'esprit est mal nommée; c'est en effet la faiblesse du coeur, qui n'est autre chose qu'une impuissance d'agir et un manque de principe de vie." La référence ici à la faiblesse du coeur devient significative si l'on considère que le coeur est doué d'une "faculté vitale" dans la physiologie de La Chambre, par laquelle le sang est distillé en humeurs qui se combinent pour former le tempérament.[17] Il se peut également que la maxime 251 du manuscrit ("Toutes les passions ne sont autre chose que les divers degrés de la chaleur et de la froideur du sang") se réfère à cette faculté vitale ou "chaleur naturelle du coeur"[18] qui inspire mystérieusement toutes les fonctions du corps et de l'esprit selon La Chambre: ". . . Quoique toutes les actions se fassent par le moyen de la chaleur naturelle, il y en a pourtant quelques-unes qui dépendent davantage de sa substance, comme sont les coctions et les digestions. . . . Mais il y en a aussi qui dépendent davantage de la qualité de la chaleur, comme sont les actions de l'imagination et celles que l'on appelle vitales; car ceux qui ont la chaleur plus ardente ont la respiration plus forte, le battement du coeur plus véhément, et l'imagination plus fertile."[19] Encore est-il notable que le tempérament de la femme est naturellement froid et humide, selon La Chambre, tandis que celui de l'homme est chaud et sec; d'où il résulte que les femmes sont passives et pudiques, les hommes agissants et hardis. C'est là une attitude qu'on a déjà rencontrée dans la maxime 182 du manuscrit de Liancourt, et chez Esprit.[20]

Le rôle important conféré au tempérament et à la constitution corporelle dans les traités de La Chambre a amené le célèbre Bordeu un siècle et demi plus tard à considérer le médecin de Louis XIII comme un des précurseurs de Locke dans l'étude de l'âme.[21] Tout en étant vrai d'un point de vue historique, cet avis doit néanmoins être modifié une fois considérées les intentions de La Chambre. D'abord, ce qu'on peut appeler le déterminisme naturaliste de La Chambre est en effet limité par le vitalisme foncier de sa physiologie. Si le tempérament et la disposition des organes du corps produisent certaines inclinations morales, l'âme reste quand même toujours libre dans ses actions et dirige à l'arrière-plan toutes les activités de l'organisme. Comme le Père Senault, et à la différence de La Rochefoucauld et d'Esprit, La Chambre croit que toutes les passions sont bonnes en elles-mêmes, puisqu'elles n'existent que pour la conservation de l'espèce. La vertu se définit ainsi comme "un ordre et une règle que la raison donne aux actions et aux mouvements de l'âme",[22] de sorte que la pensée morale de La Chambre se ramène à un éloge de la volonté: ". . . la vertu est une habitude de la volonté qui fait agir selon la droite raison . . . les actions morales sont conformes à la droite raison quand elles sont réglées, ou par la loi divine, ou par les lois naturelles et civiles, ou par le raisonnement de la philosophie morale."[23]

Evidemment La Rochefoucauld et Esprit se sont contentés d'adopter certaines idées naturalistes du médecin, sans le suivre pour autant dans ses conclusions morales. Le mélange chez La Chambre d'une morale orthodoxe avec une conviction ferme que les fonctions du corps influent inéluctablement sur celles de l'esprit est néanmoins très instructif. Il montre qu'à l'époque de la genèse des *Maximes*, une interprétation naturaliste de la théorie des humeurs pouvait coexister tout aussi bien avec une morale de la volonté qu'avec une morale déterministe. Puisque le naturalisme ne s'est pas encore érigé dans un système indépendant, le duc et Esprit ont pu utiliser, chacun à sa guise, ce courant de pensée.

Or, la place donnée au naturalisme chez les deux collaborateurs n'est pas la même, malgré des ressemblances de présentation. La théorie des humeurs esquissée dans l'oeuvre d'Esprit ne représente qu'un trait de plus ajouté au portrait de l'homme privé de la grâce. C'est encore un aspect de l'inconstance humaine dont Esprit se sert pour établir la fausseté des vertus, en les montrant involontaires. Chez La Rochefoucauld, par contre, le naturalisme s'ouvre sur des perspectives plus larges à cause de ses rapports avec le grand thème de la fortune qui est, comme on le verra, totalement absent de l'oeuvre d'Esprit, étant étranger et même contraire à une vision théologique de l'homme.

*   *   *

La présence des maximes sur la fortune dans les manuscrits antérieurs à 1665 n'a rien qui surprend, puisque c'est là un des thèmes majeurs des *Mémoires* de La Rochefoucauld. Voir dans le cours des événements des combinaisons fortuites du hasard, excuser des échecs et attribuer des réussites au rôle du destin, c'est détruire toute possibilité de responsabilité morale, et La Rochefoucauld a volontiers adopté cette vision fataliste en narrant sa propre carrière.[24] En reprenant le thème de la fortune dans les *Maximes*, La Rochefoucauld est donc revenu à une conviction personnelle que l'influence janséniste n'a guère diminuée, et qui place à côté de la nature encore un autre pouvoir aveugle qui préside aux destinées humaines. La maxime 435 publiée dans la cinquième édition résume ce double aspect du déterminisme de La Rochefoucauld qui est déjà en évidence dans le manuscrit de Liancourt: "La fortune et l'humeur gouvernent le monde." C'est à la nature de conférer à l'individu ses possibilités latentes, mais seule la fortune peut produire la réalisation de ces possibilités. "La nature fait le mérite," écrit le duc dans la maxime 79 du manuscrit, "et la fortune le met en oeuvre." La maxime 31 du même texte répète cette idée en l'appliquant à l'héroïsme: "Quelques grands avantages que la nature donne, ce n'est pas elle, mais la fortune, qui fait les héros."

L'importance donnée aux deux thèmes de la nature et de la fortune dans la pensée de La Rochefoucauld est encore manifeste dans la 14 *Réflexion diverse*, "Des modèles de la nature et de la fortune", que le duc semble avoir rédigée vers la même époque que les deux maximes citées.[25] L'intervention de ces deux forces dans la vie humaine y est pleinement développée, ce qui permet de mesurer au juste la profondeur du déterminisme de La Rochefoucauld:

Elles [c'est-à-dire la nature et la fortune] choisissent un sujet, et s'attachent au plan qu'elles se sont proposé; elles disposent de la naissance, de l'éducation, des qualités naturelles et acquises, des temps, des conjonctures, des amis, des ennemis; elles font remarquer des vertus et des vices, des actions heureuses et malheureuses; elles joignent même de petites circonstances aux plus grandes et les savent placer avec tant d'art que les actions des hommes et leurs motifs nous paraissent toujours sous la figure et avec les couleurs qu'il plaît à la nature et à la fortune d'y donner (p.211).

On ne saurait indiquer plus clairement que la liberté n'existe pas, et que l'homme est un objet informe que la nature et la fortune façonnent à leur gré.

Le refus de la liberté chez La Rochefoucauld s'accompagne d'un relativisme qui caractérise non seulement l'activité morale, selon la maxime 246 du manuscrit ("De plusieurs actions diverses que la fortune arrange comme il lui plaît il s'en fait plusieurs vertus"), mais aussi tout jugement qu'on essaye d'en faire, selon la maxime 262 du même texte: "Il semble que plusieurs de nos actions aient des étoiles heureuses ou malheureuses aussi bien que nous, d'où dépend une grande partie de la louange ou du blâme qu'on leur donne." Doctrine audacieuse, dont Mme de Schonberg a bien tiré les implications dans son jugement de 1663: ". . . après la lecture de cet écrit, l'on demeure persuadé qu'il n'y a ni vice ni vertu à rien, et que l'on fait nécessairement toutes les actions de la vie" (p.565).

De même que la dévote Mme de Schonberg, J. Esprit ne passe pas sous silence le danger posé pour la foi par cette position morale. Le premier chapitre de *La Fausseté des vertus humaines*, qui traite de la prudence et qui offre plusieurs passages analogues à la maxime 55 du manuscrit de Liancourt, contient en même temps une critique sévère de ceux qui remplacent la providence divine par le concept païen de la fortune:

> Comme la Providence de Dieu n'est autre chose que l'étendue de sa sagesse infinie qui maintient l'ordre du monde et qui règle toutes les aventures humaines, l'homme n'offense pas seulement cette providence lorsque par son ignorance ou par sa vanité il attribue à sa prudence les heureux événements de sa vie, mais aussi lorsque pour se décharger du blâme qu'il peut recevoir de ce qu'il ne vient pas à bout de ses prétentions, il en charge la fatalité du destin, ou le caprice de la fortune. Car parmi les erreurs qui ont pris naissance du paganisme, et qui se sont conservées dans notre esprit, il y en a deux principales, dont la première est, qu'on s'imagine qu'un aveugle destin gouverne le monde, et que tout s'y fait par l'inévitable force de ses arrêts: et l'autre que la fortune, selon qu'il plaît à ses inclinations bizarres, a le pouvoir d'abaisser et d'élever les hommes (I, pp.80–81).

Que ce passage fût inspiré ou non par les *Maximes*, peu importe, puisqu'il révèle en tout cas une déviation majeure du point de vue janséniste chez La Rochefoucauld.

On a déjà vu que le duc avait suivi ce point de vue dans la maxime 55 du manuscrit de Liancourt, qui oppose la providence à la prudence humaine. Comme cette maxime appartient à la matière commune, la tentation est grande de l'attribuer à l'influence d'Esprit, d'autant plus que l'allusion à la providence qu'elle renferme fut supprimée avant la publication de l'édition princeps. Une maxime qui apparaît pour la première fois en 1665 sous le numéro 225 indique toutefois que La Rochefoucauld a rédigé une deuxième maxime sur le cours secret de la providence après 1663: "Quelque incertitude et quelque variété qui paraisse dans le monde, on y remarque néanmoins un certain enchaîne-ment secret, et un ordre réglé de tout temps par la Providence, qui fait que chaque chose marche en son rang, et suit le cours de sa destinée." S'il est difficile de réconcilier ces deux maximes avec tant d'autres sur le rôle de la fortune et du hasard, il est sans doute significatif que chaque allusion à la providence divine fût éliminée dans l'édition de 1666. Partout ailleurs se trouve affirmée la conviction du moraliste que les affaires humaines ne se règlent ni selon la volonté de Dieu, ni selon celle des hommes, mais résultent du caprice incarné dans la nature et la fortune. "Le caprice de l'humeur," écrit le duc dans la maxime 147 du manu-scrit de Liancourt, "est encore plus bizarre que celui de la for-tune."

Or, si la fortune et la nature se réduisent en fin de compte à deux incarnations du caprice, elles rejoignent sur un niveau supérieur l'idée que La Rochefoucauld se fait de l'amour-propre. On a déjà noté que l'usage des métaphores baroques dans la description de cette force protéenne s'expliquait en fait par son caractère insaisissable, qui n'était à son tour que le résultat d'un manque d'essence véritable. L'amour-propre ne pouvait pas se définir parce que ce n'était que l'instinct de bien qui se dévoyait et se dissolvait dans une succession de goûts et de désirs. Si le moi existe, alors, ce n'est que cette succession produite par le caprice intérieur des humeurs et le caprice extérieur de la fortune. On comprend, dès lors, l'attrait de La Rochefoucauld pour la présentation janséniste de la versatilité de l'homme, mais aussi la transformation qu'il lui fait subir.

La perception de l'inconstance humaine chez Jacques Esprit n'implique pas la mise en question d'une essence humaine, puisque le dogme janséniste se donnait justement pour tâche d'ex-pliquer cette inconstance par l'état déchu de l'homme. Loin d'être irrémédiable, la confusion des désirs qui caractérise cet état cesse une fois reconnu, à la lumière de la grâce, le véritable bien de l'homme, qui est Dieu. De même, la vertu n'est fausse que chez l'homme privé de la grâce, de sorte qu'à chaque motivation viciée par l'amour-propre, Esprit peut opposer celle qui s'inspire de l'amour de Dieu. Toute la pensée d'Esprit se fonde sur cette antithèse, le remède du mal étant présenté avec le diagnostic. Ainsi malgré le pessimisme qui caractérise son portrait de l'homme naturel, Esprit ne songe pas à négliger le rôle d'une providence divine qui dispose de chaque destinée humaine. Par conséquent, ce qui frappe dans les premières maximes de La Rochefoucauld, c'est que la contrepartie édifiante de l'antithèse janséniste est tombée. Tout ce qui se rapporte à l'état déchu de l'homme, à ses contradictions, et à l'inauthenticité de ses vertus a été transposé dans le manuscrit de Liancourt pour décrire la condition humaine. Mais la grâce n'y est pas mentionnée, et son absence semble figer la misère de l'homme dans un état irrévocable. Car avec la grâce disparaît cet amour de Dieu qui s'opposait à l'amour-propre comme motivation, et qui inspirait la vertu véritable. Ainsi la vertu en tant qu'action humaine n'existe pas—conclusion radicale à laquelle le duc arrive dans la maxime 187 du manuscrit de Liancourt: "La vertu est un fantôme formé par nos passions à qui on donne un nom honnête pour faire impunément ce qu'on veut."

Il est donc clair, contrairement à ce que La Rochefoucauld indique dans sa lettre de 1664 au Père Thomas Esprit, que les maximes du manuscrit de Liancourt ne recèlent pas de but édifiant. Au lieu d'aboutir à la nécessité de la foi, suivant le troisième but du projet initial, elles laissent l'homme prisonnier des forces capricieuses qui échappent à son contrôle, et qui détruisent son autonomie morale. C'est à la lumière de ce point d'aboutissement que doit être jugée l'utilisation de certains aspects du dogme janséniste dans le recueil en genèse. Si les attaches doctrinales de la théorie de l'amour-propre sont toujours en évidence dans ces premières maximes, la juxtaposition de cette théorie à des idées fatalistes et naturalistes finit par la priver de son allure théologique. L'amour-propre se transforme subtilement pour représenter non plus le péché, mais un instinct naturel et corrompu. Malgré sa collaboration avec J. Esprit et l'influence que celui-ci a évidemment exercée sur lui, la tendance fondamentale de La Rochefoucauld fut de considérer l'homme, non pas tel qu'il se montre devant Dieu, mais tel qu'il se montre en société.

*   *   *

La fonction traditionnelle d'un moraliste est de peindre les hommes tels qu'ils sont, selon une vision de ce qu'ils devraient être. Dans le cas de La Rochefoucauld, l'existence d'une telle vision idéaliste a été mise en doute dès la circulation des manuscrits des *Maximes*. L'accusation de Mme de Guymené, selon laquelle l'auteur a jugé tout le monde par lui-même a été souvent reprise depuis; on a trop vite ramené le pessimisme des *Maximes* au prétendu cynisme de leur auteur, sans discerner toute la portée d'une théorie de l'honnetêté déjà en évidence dans les textes initiaux du recueil. Cette interprétation sévère des intentions du moraliste ne laisse pas cependant d'être compréhensible, pour deux raisons principales. D'abord, la théorie de l'honnêteté de La Rochefoucauld n'est pas pleinement énoncée dans les *Maximes*. Le duc a préféré s'expliquer plus longuement sur ce sujet dans certaines *Réflexions diverses* qu'il a rédigées vers la même époque.[26] En deuxième lieu, le rapport entre la société des honnêtes gens souhaitée par La Rochefoucauld et le monde de l'amour-propre décrit par un nombre prépondérant de ses maximes n'est pas immédiatement visible. Pour concilier ces deux aspects apparemment contradictoires de l'oeuvre de La Rochefoucauld, il est nécessaire de préciser la signification donnée au concept de la vertu dans sa pensée.

On a vu qu'au lieu d'aboutir à une conception de la vertu basée sur la grâce comme l'a fait J. Esprit, La Rochefoucauld arrive à nier la possibilité de toute action altruiste, sans s'occuper de la vertu d'inspiration divine. Si les réflexions de La Rochefoucauld sur la vertu s'étaient arrêtées là, on pourrait avec raison l'accuser de cynisme. Toutefois la maxime 118 du manuscrit de Liancourt indique que la vertu, ou, tout au plus, l'illusion de la vertu, exerce un pouvoir réel sur l'esprit humain: "On hait souvent les vices, mais on méprise toujours le manque de vertu."[27] La Rochefoucauld semble dire ici que la société encourage la pratique des vertus puisqu'elle rejette ceux qui n'en ont pas, et cette idée reparaît dans la maxime 155 de 1665, publiée pour la première fois dans l'édition de cette année: "La louange qu'on nous donne sert au moins à nous fixer dans la pratique des vertus."

Comme le suggèrent ces maximes, le mot vertu est en effet susceptible de deux usages distincts dans le vocabulaire de La

Rochefoucauld.[28] Considérée comme un absolu, la vertu est le contraire de l'amour-propre et s'oppose diamétralement à tout acte mêlé d'intérêt. La plupart des maximes ont pour but de montrer que cette vertu pure ne saurait exister parmi les hommes. Pourtant La Rochefoucauld conçoit en même temps une espèce de vertu relative, qui serait un mélange de mobiles intéressés et désintéressés, tempéré par la prudence. "Les vices," déclare-t-il dans la maxime 227 du manuscrit de Liancourt, "entrent dans la composition des vertus comme les poisons dans la composition des plus grands remèdes de la médecine: la prudence les assemble, elle les tempère et elle s'en sert utilement contre les maux de la vie." C'est cette deuxième conception de la vertu qui est à la base de la morale pratique proposée par La Rochefoucauld, et qui représente un compromis entre l'amour-propre de l'individu et son besoin de la société.[29] Au lieu de détruire l'égoïsme foncier de l'homme, cette morale propose seulement de le contenir pour rendre possible l'établissement des rapports sociaux qui sont essentiels au bonheur humain.[30]

Sans penser donc que l'amour-propre puisse être déraciné du coeur de l'homme, La Rochefoucauld affirme que le bonheur doit néanmoins se faire dans la société selon les préceptes d'une sagesse sans illusion et purement humaine. En tant que recherche de ce bonheur, l'honnêteté se présente tout d'abord comme une prise de conscience devant la force dévorante de l'égoïsme et la nécessité de le modérer. Comme la pénétration des mobiles d'autrui reste forcément imparfaite, La Rochefoucauld admet qu'il faut parfois se fier aux apparences pour se conduire avec sagesse. "Il y a," déclare-t-il dans la maxime 310 de 1665, "des faussetés déguisées qui représentent si bien la vérité que ce serait mal juger que de ne s'y pas laisser tromper."[31] Mais chez l'honnête homme, il exige une connaissance intime de son propre coeur, et une bonne volonté réelle. "Les faux honnêtes gens," dit la maxime 9 du manuscrit de Liancourt, "sont ceux qui déguisent la corruption de leur coeur aux autres et à eux-mêmes; les vrais honnêtes gens sont ceux qui la connaissent parfaitement et la confessent aux autres." Cette même lucidité qui permet à l'homme de mesurer la force de ses instincts corrompus rend aussi possible la connaissance du juste milieu qu'il peut atteindre, mais qu'il ne saurait dépasser. Deux maximes publiées pour la première fois en 1665 soulignent l'existence des limites dans le bien comme dans le mal qui prescrivent à chaque individu un cours moyen entre les deux: ce sont la maxime 199 de l'édition princeps ("La nature a prescrit à chaque homme dès sa naissance des bornes pour les vertus et pour les vices") et la maxime 201 du même texte: "On ne trouve point dans l'homme le bien ni le mal dans l'excès."

La lucidité est centrale dans la théorie de l'honnêteté de La Rochefoucauld, puisqu'en permettant une perception juste des limites de la condition humaine, elle révèle que la liberté de l'homme consiste à réaliser ses meilleures qualités. C'est cette authenticité de l'être que le moraliste désigne par l'expression "être vrai", et qu'il oppose non seulement au règne du paraître dans la société, mais aussi à la tromperie de soi-même.[32] Au fond de l'idée du vrai se trouve une relation harmonieuse et équilibrée entre les qualités naturelles et acquises, qui plaît par son accord. "Je ne sais si on peut dire de l'agrément séparé de la beauté," écrit La Rochefoucauld dans la maxime 258 du manuscrit de Liancourt, "que c'est une symétrie dont on ne sait pas les règles et un rapport secret des traits ensemble et des traits avec les couleurs et l'air de la personne." Ce ne sont pas les qualités elles-mêmes qui produisent le vrai, puisqu'elles sont variables, mais la symétrie qu'elles reçoivent chez l'individu.[33] Ainsi La Rochefoucauld fait-il appel au célèbre "je ne sais quoi" pour en faire le critère non seulement esthétique mais aussi moral de son concept de l'authenticité. La définition de la vérité présentée dans la maxime 163 du manuscrit de Liancourt s'applique alors à la vie aussi bien qu'à l'art: "La vérité est le fondement et la raison de la perfection et de la beauté, car il est certain qu'une chose, de quelque nature qu'elle soit, est belle et parfaite si elle est tout ce qu'elle doit être et si elle a tout ce qu'elle doit avoir."[34]

L'esthétique de La Rochefoucauld se lie donc étroitement à sa théorie de l'honnêteté, l'art de plaire résultant d'une application de cette esthétique à la vie humaine.[35] En effet le concept du vrai donne naissance à tout un code social qui révèle la préoccupation de La Rochefoucauld concernant le naturel et la coïncidence de l'être avec le paraître. Les qualités requises par ce code sont, d'ailleurs, nettement classiques. L'harmonie dans l'air et les manières est soulignée dans la maxime 132 du manuscrit de Liancourt: "Les pensées et les sentiments ont chacun un ton de voix, une action et un air de visage qui leur sont propres; c'est ce qui fait les bons et les mauvais comédiens, et c'est ce qui fait aussi que les personnes plaisent ou déplaisent." L'harmonie du caractère fait le sujet de la maxime 194 du même texte: "Ce n'est pas assez d'avoir de grandes qualités, il en faut avoir l'économie." La recherche de la mesure se double d'un refus de l'affectation, jugée ridicule dans la maxime 220 du manuscrit ("On n'est jamais si ridicule par les qualités que l'on a que par celles qu'on affecte d'avoir") et déplaisante dans la maxime 189 du même texte: "L'imitation est toujours malheureuse et tout ce qui est contrefait déplaît avec les mêmes choses qui charment lorsqu'elles sont naturelles."[36]

Il est néanmoins évident que le nombre de ceux qui sont capables de réaliser un programme si délicat est nécessairement restreint, de sorte que la pensée du duc aboutit très vite à la notion d'une élite distinguée du commun par la justesse du goût et des sentiments. La maxime 156 du manuscrit de Liancourt voit dans cette justesse le comble de l'habileté: "La souveraine habileté consiste à bien connaître le prix de chaque chose."[37] Cette capacité d'estimer les hommes et les choses à leur juste prix résulte d'une "sorte d'instinct"[38] que La Rochefoucauld lie parfois à l'esprit, mais le plus souvent au goût. Car l'excellence de nos jugements ne dépend pas seulement de la grandeur de l'intelligence, mais aussi d'une espèce d'intuition qui fait discerner ce qui est vrai et convenable, sans que la coutume ou le hasard s'en mêlent. C'est là l'idée exprimée par La Rochefoucauld dans la maxime 63 du manuscrit de Liancourt: "Celui-là n'est pas raisonnable qui trouve la raison, mais celui qui la connaît, qui la goûte et qui la discerne."[39]

Ainsi le véritable bonheur se fonde sur la justessse du goût et du jugement, car elle libère ceux qui la possèdent du règne de l'opinion et du paraître. L'honnêteté consiste alors non seulement dans une juste appréciation de ce que l'on est, mais aussi de ce que sont les autres. "Le vrai honnête homme," affirme le duc dans la célèbre maxime 39 du manuscrit de Liancourt, "c'est celui qui ne se pique de rien."[40] En plus, c'est cette capacité d'estimer le mérite à sa propre valeur qui permet la formation d'une société d'honnêtes gens que La Rochefoucauld oppose au monde de l'amour-propre. "Notre mérite nous attire l'estime des honnêtes gens, et notre étoile celle du public", selon la maxime 172 de l'édition princeps, et cette nouvelle maxime fait pendant à la maxime 202 du manuscrit de Liancourt qui traitait de la règle, et non pas de l'exception: "La plupart des gens ne voient dans les hommes que la vogue qu'ils ont et le mérite de leur fortune."[41]

Or, il n'est pas sans intérêt d'examiner les considérations de La Rochefoucauld sur le mérite, puisqu'elles laissent apercevoir une hésitation curieuse entre deux concepts de l'honnêteté dont l'un est moral, l'autre mondain. Selon la maxime 118 du manuscrit de Liancourt, le manque de vertu était toujours méprisable, ce qui semblerait exclure le vicieux de la bonne société. Dans la maxime 205 du même texte, pourtant, le duc constate un divorce parfois en évidence entre la vertu et l'estime: "Il y a des hommes que l'on estime, qui n'ont pour toutes vertus que des vices qui sont propres à la société et au commerce de la vie." Le même décalage entre le mérite et l'agrément est observé dans la maxime 166 du manuscrit ("Comme il y a de bonnes viandes qui affadissent le coeur, il y a un mérite fade et des personnes qui dégoûtent avec des qualités bonnes et estimables") et encore dans la maxime 103: "Il y a des personnes à qui leurs défauts siéent bien et d'autres qui sont disgraciées de leurs bonnes qualités." Enfin, d'après la maxime 183 du manuscrit, le mérite consiste parfois à faire des sottises utiles: "Il y a des gens dont le mérite consiste à dire et à faire des sottises utilement, et qui gâteraient tout s'ils changeaient de conduite." Ainsi, sans abandonner tout à fait la notion que le mérite des honnêtes gens implique une certaine mesure de vertu, La Rochefoucauld n'est pas loin de croire que l'agrément et l'art de plaire importent plus dans la vie de société.[42] Par conséquent, le code social préconisé par le duc dans certaines maximes du recueil initial aussi bien que dans les *Réflexions diverses* de la même époque porte surtout sur l'art pratique de ménager des intérêts individuels et de faciliter ce que l'auteur appelle "le commerce de la vie."

Dans sa forme idéale, la société se rapproche de l'amitié et requiert, bien qu'à un degré moindre, la pratique de certains égards jugés indispensables par La Rochefoucauld. En rédigeant la maxime 149 du manuscrit de Liancourt, le duc a peut-être utilisé le mot raison pour dénoter le bon sens qui doit régler tout comportement social: "On n'a plus de raison quand on n'espère plus d'en trouver aux autres."[43] Il se peut également qu'il se réfère ici à cette espèce de confiance qu'il juge nécessaire pour surmonter notre méfiance envers autrui et faire subsister les rapports sociaux. Dans ce cas, la maxime 248 du manuscrit compléterait la pensée esquissée dans la maxime 149: "La confiance que l'on a en soi fait naître la plus grande partie de celle que l'on a aux autres." Dans une société où cette confiance est réciproque, il devrait en résulter un échange de bons offices, une complaisance envers les défauts d'autrui, et un respect mutuel pour la liberté de tous. Car rien ne trouble plus l'équilibre des rapports sociaux qu'un manque de délicatesse selon la maxime 125 du manuscrit de Liancourt: "On incommode toujours les autres quand on est persuadé de ne les pouvoir jamais incommoder."[44]

Quand toutes ces vertus pragmatiques se trouvent réunies dans une compagnie d'honnêtes gens, elles rendent possible cet art de la conversation que La Rochefoucauld considère comme le but le plus noble de la vie de société, et dont il avait déjà fait grand cas dans son autoportrait de 1659: "La conversation des honnêtes gens est un des plaisirs qui me touchent le plus. J'aime qu'elle soit sérieuse et que la morale en fasse la plus grande partie; cependant je sais la goûter aussi quand elle est enjouée. . ." (p.255). Il n'est pas surprenant, alors, de trouver l'honnête homme défini dans la maxime 242 du manuscrit de Liancourt comme celui qui excelle dans toutes sortes d'entretiens: "C'est être véritablement honnête homme que de vouloir bien être examiné des honnêtes gens en tous temps et sur tous les sujets qui se présentent." Car l'art de bien parler requiert la maîtrise de l'amour-propre, qui gâte la plupart des conversations. ". . .Nous voyons dans nos conversations et dans nos traités," dit le duc dans la maxime 270 du manuscrit, "que dans un même moment un homme perd connaissance et revient à soi selon que son propre intérêt s'approche de lui ou qu'il s'en retire." Si la soif de parler découle d'habitude de la vanité, d'après la maxime 96 du même texte ("On aime mieux dire du mal de soi que de n'en point parler"), le silence provient le plus souvent de la même source: "Quand la vanité ne fait point parler, on n'a pas envie de dire grand'chose."[45] L'art de plaire dans la conversation consiste justement à reconnaître cette puissance de la vanité et la nécessité de la surmonter: "Une des choses qui fait que l'on trouve si peu de gens qui paraissent raisonnables et agréables dans la conversation, c'est qu'il n'y a quasi personne qui ne pense plutôt à ce qu'il veut dire qu'à répondre précisément à ce qu'on lui dit. . ."[46].

De même que les maximes sur le rôle de la vanité dans la

conversation, la série des maximes sur l'esprit du manuscrit de Liancourt constitue une méditation sur l'art de plaire. Les définitions de tendance précieuse que La Rochefoucauld offre des différentes fonctions de l'esprit reflètent l'intérêt porté à ce sujet dans le salon de Mme de Sablé, aussi bien que l'expérience du moraliste. Le petit nombre de maximes de J. Esprit qu'on a conservé dans les Portefeuilles Vallant traite justement de l'imagination, de l'esprit, et du jugement.[47] Le goût des nuances et des subtilités qui caractérise ce fragment d'Esprit est encore en évidence dans la longue maxime 41 du manuscrit de Liancourt, où La Rochefoucauld essaye de lier les qualités les plus éclatantes de l'esprit à ''la grandeur de la lumière de l'esprit.'' A l'encontre d'Esprit, pourtant, les réflexions de La Rochefoucauld à ce propos constituent encore une autre formulation des attributs de l'honnête homme. Les définitions réunies dans la maxime 41 tendent toutes à montrer qu'un grand esprit se caractérise par sa pénétration, tout comme l'honnête homme se caractérisait par sa clairvoyance: ''Le jugement n'est autre chose que la grandeur de la lumière de l'esprit; on peut dire la même chose de son étendue, de sa profondeur, de son discernement, de sa justesse, de sa droiture, et de sa délicatesse . . . Si on l'examine bien, on trouvera que toutes ces qualités ne sont autre chose que la grandeur de l'esprit, lequel, voyant tout, rencontre dans la pléniture de ses lumières tous les avantages dont nous venons de parler.''[48]

Ainsi l'esprit se présente tout d'abord à La Rochefoucauld comme une espèce de raison pratique qui sert à guider l'honnête homme dans la vie de société par la perception juste de la réalité. C'est encore, selon d'autres maximes du manuscrit, un talent naturel qui produit tout ce qu'il y a de plus agréable dans la conversation. ''Il y a de jolies choses que l'esprit ne cherche point et qu'il trouve toutes achevées en lui-même,'' remarque La Rochefoucauld dans la maxime 133, ''de sorte qu'il semble qu'elles y soient cachées comme l'or et les diamants dans le sein de la terre.'' La maxime 68 lie toujours la politesse à un certain tour de l'esprit (''La politesse de l'esprit est un tour de l'esprit par lequel il pense toujours des choses agréables, honnêtes et délicates''); tandis que la maxime 69 offre une définition pareille de la galanterie: ''La galanterie de l'esprit est un tour de l'esprit par lequel il pénètre et conçoit les choses les plus flatteuses, c'est-à-dire celles qui sont le plus capables de plaire aux autres.''

Si les qualités de l'esprit sont aisées à connaître, comme le duc l'indique dans la maxime 6 du manuscrit, c'est parce qu'elles influent directement sur la conversation et déterminent le plaisir ou le déplaisir qu'on y éprouve. ''Comme c'est le caractère des grands esprits de faire entendre avec peu de paroles beaucoup de choses,'' observe La Rochefoucauld dans la maxime 252, ''les petits esprits en revanche ont l'art de parler beaucoup et de ne dire rien.'' L'éloquence, telle que la maxime 128 la définit (''La vraie éloquence consiste à dire tout ce qu'il faut et à ne dire que ce qu'il faut''), est l'apanage alors des grands esprits, pendant que l'opiniâtreté décèle un petit esprit selon la maxime 235: ''La petitesse de l'esprit fait l'opiniâtreté.''[49]

Encore peut-on dire que les maximes sur l'esprit du manuscrit de Liancourt présentent le même mélange d'une attitude mondaine et morale qu'on vient de constater dans les maximes sur l'honnêteté. Tandis que la grandeur de l'esprit se définit comme la capacité de l'esprit d'atteindre la vérité et de plaire dans la conversation, la petitesse de l'esprit indique à la fois un défaut de jugement et un défaut d'ordre moral. ''Comme la finesse est l'effet d'un petit esprit,'' écrit La Rochefoucauld dans la maxime 48 du manuscrit, ''il arrive quasi toujours que celui qui s'en sert pour se couvrir en un endroit se découvre en un autre.'' L'esprit de ruse sera condamné dans la maxime 44 du même texte: ''La finesse n'est qu'une pauvre habileté.''[50] Enfin, si la maxime 238 du manuscrit récuse le désir de paraître habile, il serait difficile de dire si l'authenticité qu'elle réclame est morale ou mondaine: ''Le désir de paraître habile empêche souvent de le devenir, parce qu'on songe plus à paraître aux autres qu'à être effectivement ce qu'il faut être.''

L'hésitation qui se fait remarquer dans le recueil initial entre deux concepts de l'honnêteté, dont l'un serait moral, l'autre mondain, est hautement significative. Elle montre que la recherche d'une vertu purement sociale est en train d'évincer chez La Rochefoucauld l'acceptation initiale d'une vertu fondée sur le christianisme. Sans doute, le moraliste s'en rendait compte, car la maxime 45 du manuscrit qui rattachait la probité véritable à Dieu sera supprimée après l'édition princeps: ''Dieu seul fait les gens de bien et on peut dire de toutes nos vertus ce qu'un poète a dit de l'honnêteté des femmes: *L'essere honesta non é se non un arte de parer honesta*.'' Les maximes sur l'honnêteté qui ont été gardées dans les éditions successives indiquent au contraire que l'attitude profonde du duc s'approchait de celle que Méré lui attribue dans son *Entretien*: ''Je ne vois rien de si beau que la noblesse du coeur et la hauteur de l'esprit; c'est de là que procède la parfaite honnêteté, que je mets au-dessus de tout, et qui me semble à préférer pour l'heur de la vie à la possession d'un royaume. Ainsi j'aime la vraie vertu comme je hais le vrai vice. Mais selon mon sens, pour être effectivement vertueux, au moins pour l'être de bonne grâce, il faut savoir pratiquer les bienséances, juger sainement de tout et donner l'avantage aux excellentes choses par-dessus celles qui ne sont que médiocres'' (pp.593–594). La même attitude caractérisait déjà la pensée de La Rochefoucauld en 1659, comme on le sait d'après l'autoportrait: ''J'ai les sentiments vertueux, les inclinations belles, et une si forte envie d'être tout à fait honnête homme que mes amis ne me sauraient faire un plus grand plaisir que de m'avertir sincèrement de mes défauts'' (p.256). La théorie de l'honnêteté représente partant une morale pratique, destinée à former non pas l'homme de bien, tel que la religion l'avait conçu, mais l'homme du monde épris de la bonne grâce et d'une vertu à la mesure de l'homme. Sans être accessible à tous, cet idéal reste le dernier mot de la sagesse du moraliste, et le seul remède qu'il conçoive contre la maladie de l'amour-propre.[51]

Vu cet aboutissement du projet initial chez La Rochefoucauld, on conçoit les raisons qui poussèrent Jacques Esprit à publier sa propre version de la matière commune en 1678. Car quand Esprit en vient, à la fin de *La Fausseté des vertus humaines*, à énumérer les fruits à tirer de sa lecture, il ne manque pas de s'attaquer à cette morale laïque qu'est l'honnêteté:

Le sixième fruit est qu'on demeure convaincu que ceux qui se croient et qui se disent honnêtes gens prennent injustement cette qualité, car ils n'ont point l'amour de la vertu dans le coeur, et s'ils ne sont justes, fidèles, bons et généreux que pour être estimés dans le monde, ce sont de faux vertueux, et si ce sont de faux vertueux, comment peuvent-ils être de vrais honnêtes gens, et par quel art peut-on séparer l'honnêteté de la vertu véritable?'' (II, p.541).[52]

L'intérêt de cette accusation d'Esprit, c'est qu'elle révèle pourquoi la théorie de l'honnêteté formulée dans le manuscrit de

Liancourt représente la divergence la plus importante de La Rochefoucauld par rapport aux buts élaborés dans le projet initial. Si le recueil initial s'est inspiré de la pensée janséniste des années suivant la publication de l'*Augustinus*, il n'en comprend pas moins une morale empirique qui accepte le monde de l'amour-propre et propose de l'embellir par des moyens purement humains. C'est justement cette séparation de la morale d'avec la théologie qui est au coeur des *Maximes*, et que Jacques Esprit a si bien perçue dès 1678. Car le pessismisme de l'image de l'homme présentée dans le recueil de La Rochefoucauld ne débouche pas sur l'aspiration à la grâce divine, mais sur un idéal tout humain, fondé sur l'expérience mondaine de l'auteur et son amour de la vie de société.[53]

CONCLUSION

La diversité des courants de pensée qui ont trouvé expression dans le recueil original des *Maximes* représente sans contredit un des aspects les plus saisissants de sa genèse. Le naturalisme, issu de la médecine aristotélicienne de l'époque, y côtoie la théorie de l'amour-propre empruntée à la théologie augustinienne; la fortune apparaît avec la providence divine comme causalité universelle; une réfutation très poussée de la morale de Sénèque n'exclut pas certains emprunts au philosophe stoïcien; l'influence de Montaigne se déclare, malgré sa mauvaise réputation dans les cercles jansénistes; la morale laïque de l'honnêteté vient remplacer l'attente pénitente de la grâce divine.

La présence de toutes ces tendances différentes dans les textes initiaux des *Maximes* pourrait faire croire que l'auteur débutant a hésité sur la direction à prendre dans l'oeuvre qu'il commençait à rédiger. Un examen des étapes successives du texte a montré pourtant qu'il n'en fut rien. Malgré des révisions stylistiques parfois très poussées, le recueil de 1665 offre les mêmes courants de pensée que les maximes envoyées dans les lettres de La Rochefoucauld à Mme de Sablé et Jacques Esprit. Si le nombre des maximes portant sur chaque sujet fut augmenté entre 1659 et 1665, les préoccupations et les vues fondamentales du moraliste ne changèrent pas pour autant pendant la période de genèse de l'oeuvre. Ainsi le recueil s'accrut progressivement par le développement des thèmes initiaux, et la pensée de La Rochefoucauld se révèle très stable en dépit de son éclectisme. Les causes de ce phénomène méritent d'être approfondies, car elles tiennent non seulement aux circonstances qui entouraient la genèse des *Maximes*, mais aussi à la formation morale et intellectuelle de leur auteur.

On n'a pas tort de considérer la Fronde comme l'arrière-plan

véritable des *Maximes*. C'est en méditant les événements de cette
époque troublée pendant la rédaction de ses *Mémoires* que La
Rochefoucauld acquit certaines convictions qui influèrent de façon
majeure sur la genèse des *Maximes*. Ce sont d'abord le règne
absolu de l'intérêt dans la conduite humaine et le décalage profond qui
se constate toujours entre l'être et le paraître, les mots et les actes,
l'apparence et la réalité. L'attrait que La Rochefoucauld ressen-
tait vers 1659 pour la pensée janséniste proviendrait vraisemblablement des correspondances qu'il put remarquer entre
l'image augustinienne de l'homme déchu et celle qu'il avait déjà
formée lui-même en observateur lucide des guerres civiles. C'est
encore de ses expériences pendant la Fronde que La Rochefoucauld tira le concept que les événements historiques, aussi bien
que les destins individuels, sont réglés par la fortune et par le
hasard. Cette prise de conscience a fourni un thème majeur des
Mémoires avant de reparaître dans les *Maximes* comme une
preuve de l'impuissance de l'homme. Comme on l'a vu, le courant naturaliste des *Maximes* complète cette preuve en présentant
un déterminisme intérieur sous la forme des humeurs du corps. La
liberté de l'homme se trouve alors tout aussi cernée par le cours
imprévisible des humeurs qui influe sur chacun de ses actes que
par les caprices de la fortune qui déjouent sa prévoyance et
déterminent ses occasions d'agir. Ainsi est-il probable que la
théorie des humeurs formulée par Marin Cureau de La Chambre
aurait attiré l'attention de La Rochefoucauld, parce que ce médecin s'intéressait autant que lui au problème de la responsabilité
morale.

Enfin, l'idéal de l'honnêteté, qui ne semble pas au premier abord
découler directement de l'expérience de la Fronde, représente en
fait un idéal d'ordre dans la vie sociale que le moraliste oppose au
monde chaotique de l'amour-propre que les guerres civiles lui
avaient découvert. Pour parer à la désintégration des rapports
sociaux que menace le règne universel de l'intérêt, La
Rochefoucauld semble avoir cherché un moyen de ruser avec
l'amour-propre, sans croire pour autant que l'homme puisse le
déraciner de son coeur. L'idéal de l'honnêteté découlerait alors
d'une rencontre entre son goût très vif pour la vie de société, qui
s'était déclaré dans sa jeunesse à l'hôtel de Rambouillet, et le
concept d'une esthétique sociale qu'il aurait trouvé chez Balthasar
Castiglione; peut-être proviendrait-il aussi d'une nostalgie qui

faisait regretter l'idéal chevaleresque perdu.

Tous ces rapports entre l'expérience de La Rochefoucauld et les courants divers qui sont entrés dans le recueil initial suggèrent qu'une période de grande activité intellectuelle a précédé l'élaboration des *Maximes*. En comparant ses propres expériences aux idées qu'il méditait pendant cette période, La Rochefoucauld eût visé à se faire une philosophie personnelle qui résumait sa connaissance de la vie. Un aspect souvent négligé de la formation intellectuelle du duc permet, pensons-nous, de jeter un nouvel éclairage sur la nature individualiste de cette philosophie. Il s'agit de l'autodidactisme de La Rochefoucauld et de son effet sur la carrière littéraire d'un homme destiné dès son enfance aux armes.

On sait que l'éducation reçue par le duc avant son mariage à quatorze ans avait été des plus médiocres, et qu'il passa une jeunesse tout adonnée à l'art militaire. En effet, il fallut l'échec de la Fronde des Princes et la chute brutale des ambitions politiques de La Rochefoucauld pour produire chez lui l'éclosion d'une vocation littéraire. Soit que le duc ait commencé pendant son exil à Verteuil à s'intéresser aux grands moralistes du passé, soit que sa collaboration avec Jacques Esprit et sa fréquentation du salon de Mme de Sablé l'aient familiarisé avec les philosophies morales qui avaient cours pendant les années 1650, il reste que La Rochefoucauld avait déjà atteint l'âge mûr quand il commença à s'instruire.

Ayant eu à trier les idées diverses qu'il rencontrait dans ses lectures et ses conversations, il est à croire que La Rochefoucauld n'aurait adopté que celles que son expérience suggérait déjà, ou permettait de confirmer. Ainsi l'opposition du moraliste au stoïcisme, et son assimilation des théories naturalistes de Cureau de La Chambre offriraient deux exemples différents de cette démarche de son esprit. Il est clair que tout le travail préalable aux *Maximes* aurait nécessairement comporté la fragmentation des systèmes étudiés, non seulement parce que l'expérience de La Rochefoucauld ne corroborait pas toutes les idées qu'il rencontrait, mais aussi parce qu'il ne se proposait guère de devenir un penseur systématique. Le duc aurait constitué plutôt, comme un autre autodidacte célèbre, Jean-Jacques Rousseau, un magasin d'idées qui lui permettait d'exprimer des convictions déjà acquises.

La grandeur des *Maximes* tient au fait que La Rochefoucauld a réussi à orienter ces idées d'après une seule impulsion spirituelle, les rendant ainsi siennes. Or, cette impulsion, qui était d'établir la faiblesse irrémédiable de l'homme, n'était assurément pas le résultat de la collaboration entre La Rochefoucauld et Esprit, mais plutôt sa cause. Tout en observant donc qu'Esprit a exercé une influence incontestable sur le développement du recueil initial, il faut préciser la nature et les limites de cette influence. Il est très probable, comme on l'a déjà vu, que la formulation du projet initial revient à Esprit, et que c'est lui qui a initié La Rochefoucauld à la psychologie augustinienne. Toutefois les divergences entre sa manière de remplir ce projet et celle de La Rochefoucauld suggèrent que sa contribution majeure à la genèse des *Maximes* consistait à fournir une structure précise aux convictions du duc, et à encourager ainsi leur mise en oeuvre littéraire.

Il est évident que La Rochefoucauld n'a pas dû sa vocation littéraire à Jacques Esprit: l'*Apologie du Prince de Marcillac* et les *Mémoires* offraient déjà une preuve sensible de son besoin de la littérature. On peut néanmoins se demander si La Rochefoucauld se serait transformé en moraliste sans l'encouragement que sa collaboration avec Esprit semble lui avoir procuré. Le duc a pu écrire ses *Mémoires* dans la solitude de sa retraite en réfléchissant sur ses aventures pendant la Fronde. Mais écrire des maximes, oser formuler des généralisations sur l'expérience humaine, voilà ce qui suggère une fermentation d'idées que les discussions du duc avec son ami paraissent avoir fournie. Ainsi la constitution d'une matière commune nourrie par l'érudition d'Esprit, mais également enrichie par les analyses de la guerre et de la cour apportées par La Rochefoucauld, a dû aider celui-ci à tirer au clair et à généraliser des leçons déjà apprises. Rien ne permet d'identifier La Rochefoucauld comme celui qui eut, le premier, l'idée de mettre ces idées en maximes. Mais il est certain, d'après sa correspondance avec Esprit et Mme de Sablé, qu'il les a vite dépassés dans l'art des sentences, de sorte qu'il faut lui attribuer la perfection, sinon la création, du genre.

L'existence d'un projet littéraire bien défini à l'origine des *Maximes* est d'une grande importance, car elle permet de rectifier l'opinion selon laquelle La Rochefoucauld élaborait de façon tout à fait décousue la matière de son oeuvre. L'examen précédent des textes initiaux des *Maximes* a montré au contraire que les deux

premiers buts de ce projet—de prouver la fausseté des vertus
païennes et la fausseté de la vertu humaine en général—furent
amplement remplis par le duc. La démolition d'une vision
idéaliste de l'homme, qui représente le côté dominant du recueil
original, est le résultat direct de ces deux postulats. Si La
Rochefoucauld avait rempli le troisième but du projet, qui était de
montrer la rédemption de l'homme par la grâce, ce travail de
démolition n'aurait rien d'inquiétant. Mais la disparition chez La
Rochefoucauld du but édifiant a changé de fond en comble la
signification de l'oeuvre qu'il était en train d'élaborer. Une position théologique radicale se trouvait ainsi laïcisée; un portrait de
l'homme privé de la grâce devenait un portrait de l'homme tout
court; la preuve de la fausseté des vertus humaines se transfor-
mait en une preuve de l'impossibilité de la vertu.

On ne saura jamais si La Rochefoucauld avait véritablement
l'intention de remplir le dernier but du projet initial quand l'idée
lui est venue d'écrire les *Maximes*. Il est assez oiseux, à notre
avis, de faire des conjectures sur la nature de ses convictions
religieuses et le rôle qu'elles ont pu jouer à cet égard. Ce qui est
manifeste, c'est que les textes les plus anciens de l'oeuvre n'offrent aucun signe d'un but édifiant. Si le projet initial s'inspirait
alors du mouvement janséniste, et si La Rochefoucauld a fait un
usage magistral de la psychologie augustinienne pour nier toute
possibilité de vertu à l'homme, le caractère profond de son ouvrage, même en genèse, n'est pas janséniste, ni même particulièrement religieux.

Sans qu'il soit possible de savoir à quel moment La
Rochefoucauld s'est rendu compte que l'ensemble de ses idées
différait profondément de celles d'Esprit, les textes initiaux des
Maximes révèlent qu'il s'est éloigné dès le début de la matière
qu'il partageait avec son collaborateur pour tracer une voie indépendante. Sa réfutation de Sénèque s'inspire directement des
écrits mêmes du philosophe stoïcien au lieu de se limiter aux idées
qu'Esprit a pu lui proposer. Son examen des contrariétés
humaines se distingue également de celui de son collaborateur par
ses emprunts aux pages les plus célèbres de Montaigne sur ce
sujet, par les implications déterministes qu'il a tirées d'une théorie
des humeurs du corps, par l'importance qu'il a conférée au thème
de la fortune, et finalement, par la fécondité de son pouvoir
d'analyse qui l'a amené à explorer des sujets totalement absents

de l'oeuvre d'Esprit.

Une fois lancé dans un projet qui convenait admirablement à la lucidité puissante de son esprit, tout se passe comme si La Rochefoucauld s'était préoccupé de plus en plus de l'homme en société, des jeux d'apparence par lesquels fonctionnait le mécanisme social de son temps, des fausses vertus publiques et privées, des rapports d'intérêt qui unissaient et désunissaient des individus et des groupes. Si La Rochefoucauld ne destinait pas d'abord son petit recueil au public, comme il le prétend dans sa lettre au Père Thomas Esprit, il s'est sans doute persuadé plus tard que la société contemporaine, qui constituait la matière même de son ouvrage, devait se juger en le lisant. Ainsi la consultation de 1663, qui confirma le succès de l'entreprise de La Rochefoucauld, mit une fin symbolique, sinon chronologique, à sa collaboration avec Esprit. La société avait remplacé la rédemption comme le but final de son ouvrage, et la seule collaboration véritable qui se remarque après cette date est celle entre La Rochefoucauld et son public.

NOTES

NOTES DE L'AVANT-PROPOS

1. La Rochefoucauld, *Maximes, suivies des Réflexions diverses, du Portrait de La Rochefoucauld par lui-même, et des Remarques de Christine de Suède sur les Maximes*, texte établi par Jacques Truchet, Paris, Garnier frères, 1967, p. 577. C'est le texte de base employé dans cette étude. D'autres citations de cette édition seront indiquées entre parenthèses dans le texte.

2. Nous avons eu plaisir à remarquer que la perspective critique de M. Lafond, aussi bien que la plupart de ses conclusions sur le sens originaire du recueil des *Maximes* ne s'écartent guère des nôtres. Voir surtout son chapitre II, "Le masque et le visage" (pp. 67–68), où M. Lafond déclare que rien n'éclaire mieux le projet de l'oeuvre qu'une lettre de La Rochefoucauld envoyée le 6 février 1664 au Père Thomas Esprit. On verra dans peu que nous souscrivons sans réserve à cette déclaration.

3. Voir ma thèse de doctorat (non publiée): "La Genèse des *Maximes* de La Rochefoucauld", Harvard University, 1970.

4. Les travaux d'Amelia Bruzzi confirment ce constat et permettent de l'appliquer à toutes les éditions des *Maximes* publiées du vivant de l'auteur (*Le Maximes di La Rochefoucauld*, Bologna, 1968, pp. 435–437).

5. Voir l'avant-propos de *L'Ecrivain et ses travaux* (Paris, 1967), p. xvi.

NOTES DU CHAPITRE I

1. La première moitié de ce chapitre a déjà paru dans la *Revue d'Histoire littéraire de la France* (mars–avril, 1978), pp. 179–189, sous le titre "La Rochefoucauld et Jacques Esprit."

2. Selon le compte de M. Roland Barthes dans la préface de son édition (*Maximes et Réflexions*, Paris, 1961, p. xxxix, note 1), il n'y a qu'une centaine de sujets dans les 641 maximes.

3. Une lettre de La Rochefoucauld à Mme de Sablé datée du 5 décembre 1659 ou 1660 indique au contraire que le genre fait fureur: "Je ne sais si vous avez remarqué que l'envie de faire des sentences se gagne comme le rhume: il y a ici des disciples de M. de Balzac qui en ont eu le vent, et qui ne veulent plus faire autre chose" (pp. 543–544).

4. Jean Starobinski, "La Rochefoucauld ou l'oubli des secrets", *Médecine de France*, 1959, n° 107, p. 36.

5. J. Truchet le souligne dans la préface de son édition (pp. xxiii–iv et p. lxx).

6. Par son allusion au *Traité de l'amitié* de Mme de Sablé, la lettre 7 de La Rochefoucauld (pp. 548–549) permet de penser que le duc n'ignorait pas certains désaccords qui régnaient entre eux. Comme l'a dit Victor Cousin, Mme de Sablé n'avait pas rédigé un traité en forme sur l'amitié, mais plutôt un groupe de maximes, qui avait pour but exprès de réfuter la maxime 83 du duc, ou peut-être l'ensemble de ses idées sur ce sujet, telles qu'ils les aurait exprimées devant elle (Cousin, *Mme de Sablé*, Paris 1865, p. 109).

7. B.N. f.fr. 10584, fol. 160. C'est moi qui souligne. Cité par N. Ivanoff dans *La Marquise de Sablé et son salon* (Paris, 1927), p. 166. Ivanoff y remarque que

Mme de Longueville avait d'abord écrit, puis rayé, le mot *tort*, qu'elle a remplacé par le mot *honte*.

8. Les citations d'Esprit sont tirées de *La Fausseté des vertus humaines* (Paris, chez Guillaume Desprez, 1678).

9. Ce renseignement est fourni par R. Kerviler dans *Le Chancelier Pierre Séguier* (Paris, 1874), p. 542.

10. *Ibid.*, p. 543.

11. *Mémoires du Père Rapin*, édition Aubineau (Paris, 1865), t.I, p. 101.

12. *Ibid.*, p. 103.

13. Voir Kerviler, *op. cit.*, p. 555.

14. La date exacte de cet engagement, aussi bien que celle à laquelle Esprit a quitté Paris pour le Languedoc, est inconnue.

15. Chapelain a formulé ce jugement à l'occasion d'une liste de gens de lettres à pensionner demandée par Colbert (Kerviler, *op. cit.*, p. 547). Dans sa dernière phrase, Chapelain fait allusion aux sommes d'argent données par le prince de Conti et Mme de Longueville à Esprit avant son mariage vers 1659.

16. B.N. f.fr. 17046, vol. 18, fol. 100. C'est moi qui souligne. Cette oeuvre a été publiée pour la première fois par A. Soucaille dans le *Bulletin de la société archéologique, scientifique, et littéraire de Béziers*, 2e série, t. IV (Béziers, 1867), pp. 45–91.

17. Cf. le jugement porté sur le livre par Voltaire: "Quand le duc de La Rochefoucauld eut écrit ses pensées sur l'amour-propre, et qu'il eut mis à découvert ce ressort de l'homme, un monsieur Esprit, de l'Oratoire, écrivit un livre captieux, intitulé: *De la fausseté des vertus humaines*. Cet Esprit dit qu'il n'y a point de vertu; mais par grâce il termine chaque chapitre en renvoyant à la charité chrétienne" (*Dictionnaire philosophique*, art. "Fausseté des vertus humaines", édition Naves, Paris, 1961, p. 198.

18. Depuis longtemps on a constaté l'existence de certaines analogies entre le livre d'Esprit et les *Maximes*; dans son édition, M. Truchet en signale en note un bon nombre. Voir par exemple ses notes aux maximes 24, 39, 54, 62, 185, 220, 233 et 266 de l'édition de 1678. Mais outre le fait que ces comparaisons se font entre le texte définitif des *Maximes* et l'ouvrage d'Esprit, la liste de M. Truchet ne prétend pas être exhaustive.

19. On pourrait y ajouter les maximes 188 et 150 du manuscrit de Liancourt, qui seront incorporées dans la réflexion finale de 1665. Nos sigles correspondent à ceux de l'édition Truchet (p. lxxxi).

20. H.A. Grubbs, "La Genèse des *Maximes* de La Rochefoucauld", *Revue d'Histoire littéraire de la France*, xl (1933), pp. 20–21.

21. Le problème du salut des païens avait déjà été soulevé en 1626 dans la *Somme théologique* du Père Garasse, dont l'abbé de Saint-Cyran a entrepris la réfutation. Sur cette question on peut consulter le livre de F.L. Wickelgren, *La Mothe le Vayer, sa vie et son oeuvre* (Paris, 1934), p. 188.

22. Voir l'inventaire après décès de La Rochefoucauld dans les *Documents du Minutier Central concernant l'histoire littéraire (1650–1700)*, analysés par Madeleine Jurgens et Marie-Antoinette Fleury (Paris, 1960), p. 248.

23. Wickelgren, *op. cit.*, pp. 187–188. A l'encontre du premier écrit, *De la nécessité de la foi en Jésus-Christ* n'a été publié qu'en 1701.

24. E. Magne, *Le vrai visage de La Rochefoucauld* (Paris, 1923), p. 132.

25. Esprit, *op. cit.*, t.I, *Préface* (non paginée). D'autres références à cette édition seront indiquées entre parenthèses dans le texte.

26. Voir A. Adam, *Histoire de la littérature française au 17e siècle* (Paris, 1954), vol. 4, pp. 93–94, et l'édition Truchet, *Préface*, p. xli.

27. François de La Mothe le Vayer, *De la vertu des païens* (Paris, 1642), p. 24.

D'autres références à cette édition seront indiquées entre parenthèses dans le texte.

28. R. Pintard, *Le libertinage érudit dans la première moitié du 17ᵉ siècle* (Paris, 1943), pp. 521–522.

29. A. Arnauld, *De la nécessité de la foi en J.-C.* (Paris, 1701). Impression anastaltique (Bruxelles, 1967), t.10, p. 321. D'autres références à cette édition seront indiquées entre parenthèses dans le texte.

30. Selon le Père J.E. d'Angers, le nombre de citations de Sénèque dans les oeuvres de La Mothe le Vayer l'emporte sur tous les autres auteurs de l'antiquité ("Stoïcisme et libertinage dans l'oeuvre de François La Mothe le Vayer", *Revue des sciences humaines*, juillet–sept. 1954, p. 259).

31. Pour une histoire plus détaillée du stoïcisme en France, voir Henri Busson, *La pensée religieuse française de Charron à Pascal* (Paris, 1933), pp. 379–427.

32. *Ibid.*, p. 401. La citation vient de l'*Augustinus*, édition de 1640, I, iv, 7, p. 82.

33. L'amour-propre est le sujet de la maxime supprimée 1, publiée pour la première fois dans le *Recueil de pièces en prose* édité par Charles de Sercy. L'achevé d'imprimer du recueil est du 13 décembre 1659.

NOTES DU CHAPITRE II

1. Busson, *La religion des classiques* (Paris, 1948), p.197. Le frontispice des *Satires* présente non pas Sénèque, mais la laideur (ou le vice) démasquée.

2. En fait, un de ses procédés préférés est d'aligner les avis de plusieurs philosophes pour favoriser ensuite celui qui donne le plus dans ses propres vues. Dans son chapitre sur l'indulgence, par exemple, Esprit identifie la définition platonicienne de la vertu avec celle donnée par saint Thomas (I, 12); dans son chapitre sur la pitié, il approuve les sentiments d'Aristote sur cette vertu (I, 15); et il remarque que Cicéron "a eu la vraie idée de l'amitié" dans son chapitre sur ce sujet (I, 4).

3. Un exemple important s'en trouve dans le chapitre 3 du 2ᵉ tome sur la tempérance. Esprit s'attaque ici à Montaigne et Aristote, qui avaient défendu des plaisirs modérés; il soutient par contre Platon et Sénèque, puisqu'ils avaient déclaré que la vertu consistait en la purification de toutes les passions—jugement qui démontre l'alliance morale des stoïciens et des jansénistes vis-à-vis des passions.

4. Voir *La Clef des Maximes de La Rochefoucauld* (Paris, 1904), où ce critique multiplie les rapprochements entre La Rochefoucauld et certains moralistes latins.

5. Lettre 126, édition de la Pléiade, p.652.

6. Sénèque, *Oeuvres*. Traduction de François de Malherbe, continuée par P. Du Ryer (Paris, 1659), 2 tomes en 4 volumes in-folio. Le tome 2 a un titre particulier qui porte: *Les Oeuvres de Sénèque, de la version de Pierre Du Ryer*, avec la date de 1658. D'autres références à cette édition seront indiquées entre parenthèses dans le texte.

7. Cette date est en avance de celle proposée par M. Grubbs, qui pense que La Rochefoucauld s'intéressait aux écrits de Sénèque vers 1663–1664, à cause de la rédaction de la maxime 504 pendant cette période (*Originality of La Rochefoucauld's "Maximes"*, Princeton, 1929, p.19).

8. On peut comparer ce précepte de Sénèque à la maxime posthume 51 ("Il est plus nécessaire d'étudier les hommes que les livres") qui a été publiée pour la première fois dans le Supplément de 1693. Selon V. Bouillier ("Notes sur

l'*Oraculo Manual* de Balthasar Gracian", *Bulletin hispanique*, t. 13, 1911, pp.316–336), la même pensée reparaît chez Gracian et avait été traduite par Mme de Sablé (voir la maxime 33 de celle-ci). Mais une source n'exclut pas l'autre.

9. Il est encore intéressant de noter que selon cette même *Lettre*, l'amitié est voulue par la nature: "L'amitié, comme beaucoup d'autres choses, a je ne sais quelle douceur agréable à notre goût; nous chérissons la société comme nous abhorrons la solitude. La nature, qui s'est proposée de faire vivre les hommes ensemble, a voulu que les amitiés eussent un certain aiguillon, qui nous sollicitât à les rechercher" (p. 230). La même idée reparaît au début de la 2ᵉ *Réflexion diverse*, "De la société": "Il serait inutile de dire combien la société est nécessaire aux hommes: tous la désirent et tous la cherchent. . ." (p.185). D'autres lignes de cette réflexion traitent encore du thème de la liberté esquissé dans l'autoportrait (voir le paragraphe qui commence: "Pour rendre la société commode. . ."). Si cette *Réflexion* fut rédigée vers la même époque que l'autoportrait, comme l'a suggéré Mlle M. Leconte dans son article "Recherches sur les dates de composition des *Réflexions diverses* de La Rochefoucauld" (*Revue des sciences humaines*, avril–juin, 1965, pp. 117–189), il est possible que le duc y ait aussi repris certaines idées de Sénèque sur l'amitié.

10. Cf. cette autre phrase de la maxime 57 du manuscrit de Liancourt: ". . . elles prennent un personnage lugubre et travaillent à persuader par toutes leurs actions qu'elles égaleront la durée de leur déplaisir à leur propre vie."

11. C'est aussi la formulation donnée par la maxime 217 du manuscrit Barthélemy et par le manuscrit Gilbert. La Rochefoucauld semble l'avoir jugée trop elliptique, puisque la maxime 240 de 1665 sera ainsi modifiée: "Le trop grand empressement qu'on a de s'acquitter d'une obligation est une espèce d'ingratitude."

12. La maxime 229 de 1678 qui apparaît pour la première fois dans l'édition princeps sous le numéro 243 ("Le bien qu'on nous a fait veut que nous respections le mal que l'on nous a fait après") s'éclaircit de même à la lumière d'un autre précepte de Sénèque. Dans le 4ᵉ livre de son traité, celui-ci examine longuement la question du bienfaiteur devenu méchant, pour en conclure que la dette contractée envers lui reste toujours à payer, sauf dans quelques circonstances rares. C'est encore, selon V. Bouillier (*art. cit.*, p.324), une pensée qui reparaît chez Gracian.

13. Le penchant de La Rochefoucauld pour le précepte pratique, déjà en évidence dans son autoportrait, est surtout frappant dans certaines de ses *Réflexions diverses*. Voir notamment la *Réflexion* 5, "De la confiance".

14. L'analyse faite par M. Barthes de la structure des maximes de La Rochefoucauld révèle un usage prépondérant de ce que ce critique appelle "la relation d'équivalence", qui se base essentiellement sur la définition des actes moraux. M. Barthes définit ainsi son terme: "Lorsqu'un langage—et c'est le cas de la maxime—propose quelques termes de sens fort, essentiel, il est fatal que la relation s'absorbe en eux: plus les substantifs sont forts, plus la relation tend à l'immobilité . . . Il s'agit en somme, par l'état même de la structure, d'une relation d'essence, non de faire, d'identité, non de transformation, effectivement dans la maxime, le langage a toujours une activité définitionnelle et non une activité transitive; un recueil de maximes est toujours plus ou moins (et cela est flagrant pour La Rochefoucauld), un dictionnaire . . ." (*op. cit.*, p.x1).

15. M. N. Wagner, dans son article "De la méthode dans les *Maximes* de La Rochefoucauld" (*L'Information littéraire*, mai–juin 1955, pp.89–100) croit même discerner dans les *Maximes* les résultats d'une enquête scientifique: "Aux yeux des gens du monde, la morale perdit après la publication des *Maximes* son caractère spéculatif et normatif pour devenir une science 'pratique' au sens cartésien du terme . . ." (p.91). Nous ne sommes pas entièrement d'accord avec ce

jugement, pour des raisons qui deviendront apparentes dans notre examen de la théorie de l'honnêteté de La Rochefoucauld. Voir ci-dessous, pp. 95–104.

16. C'est la maxime posthume 3 qui apparaît aussi sans variantes considérables dans H 163, SL 67, B 99 bis et le manuscrit G.

17. On reconnaîtra ici le passage qui a inspiré le frontispice de l'édition de 1665.

18. Voir sa lettre du 12 juillet 1664 au Père René Rapin (pp. 579–580).

19. La date de cette lettre est inconnue.

20. Le premier livre fait sur l'épicurisme de La Rochefoucauld (W. Sivasri-yananda, *L'Epicurisme de La Rochefoucauld*, Paris, 1939) est très peu convaincant. M. Louis Hippeau a récemment repris cette question dans son *Essai sur la morale de La Rochefoucauld* (Paris, 1967). Il y développe l'idée que le duc se fit une idée personnelle de l'épicurisme sous l'influence de Montaigne, mais qu'il fut forcé de masquer ces tendances épicuriennes, décriées à l'époque. Pour M. Hippeau, les propos de La Rochefoucauld rapportés par Méré sont pour la plupart authentiques et expriment la véritable pensée du moraliste (pp. 121–143). On lira cette étude avec profit, sans accepter, peut-être, toutes ses conclusions.

21. A. de Bovis, *La Sagesse de Sénèque* (Paris, 1948), p. 30.

22. Voir ci-dessous, pp. 47–50.

23. C'est la maxime 180 du manuscrit de Liancourt. On se rappellera que cette maxime paraît pour la première fois dans la lettre 2, où elle prend la forme d'un constat personnel: "... il y a longtemps que j'ai éprouvé que la philosophie ne fait des merveilles que contre les maux passés, ou contre ceux qui ne sont pas prêts d'arriver, mais qu'elle n'a pas grande vertu contre les maux présents" (p. 543).

24. Cf. sa déclaration dans la *Consolation à Marcia* (II, 4, p. 319): "Celui qui a prévu les maux futurs ôte la force aux maux présents." La même idée se retrouve dans la *Consolation à Helvie* (II, 4, pp. 346–378).

25. Voir ma thèse de doctorat déjà citée, pp. 59–60.

26. C'est la maxime 29 de l'édition princeps.

27. Nous suivrons le texte de 1665 dans toutes les citations suivantes de cette réflexion.

28. Pour des renseignements additionnels sur le développement de cette théorie, voir l'oeuvre de M. Paul Bénichou, *Morales du Grand Siècle* (Paris, 1948), pp. 86–89.

29. Cf. la maxime 478 qui apparaît pour la première fois dans l'édition de 1678: "L'imagination ne saurait inventer tant de diverses contrariétés qu'il y en a naturellement dans le coeur de chaque personne."

30. La maxime 271 du manuscrit de Liancourt s'y rapproche de près: "Les défauts de l'âme sont comme les blessures du corps; quelque soin qu'on prenne de les guérir, la cicatrice paraît toujours et elles se peuvent toujours rouvrir."

31. Tout ce développement se trouve résumé dans la maxime 138 du manuscrit de Liancourt: "Nous n'avons pas assez de force pour suivre toute notre raison."

32. Voir sa *Lettre* 116, I, 2, pp. 712–714.

33. Le portrait de l'homme inconstant dans la *Lettre* 120 a dû intéresser La Rochefoucauld, car il montre bien comment l'image du sage qui domine les oeuvres de Sénèque représente en effet la réponse du moraliste à une vision réaliste de la nature humaine: "Enfin nous changeons de personnage à tout moment, et toujours nous représentons le contraire de celui que nous venons de quitter" (II, 2, pp. 737–738).

34. La substitution du mot "folie" au mot "enfance" dans H 170 et SL 7 montre bien que ces deux termes sont interchangeables chez La Rochefoucauld, l'enfance étant, selon lui, un état d'ivresse. Cf. la maxime 250 du manuscrit de Liancourt: "La jeunesse est une ivresse continuelle; c'est la fièvre de la santé, c'est la folie de la raison."

35. Cette maxime apparaît pour la première fois dans l'édition princeps. Cf. l'*Apologie de Raymond Sebond* (édition Rat, Paris, 1962, t.1, p. 544): "Dequoy se faict la plus subtile folie que de la plus subtile sagesse?"
36. C'est la maxime 74 de l'édition princeps, où elle apparaît pour la première fois.
37. C'est la maxime 99 du manuscrit de Liancourt. Cf. "De l'inconstance de nos actions" (Montaigne, *op.cit.*, t.1, p. 373): "Nous sommes tous de lopins et d'une contexture si informe et diverse que chaque pièce, chaque momant, faict son jeu. Et se trouve autant de différence de nous à nous mesmes, que de nous à autruy."
38. L'autre est Pierre Gassendi, à cause de sa défense d'Epicure.
39. Ainsi la maxime 195 du manuscrit de Liancourt qui lie l'inconstance de l'homme au péché originel ne sera jamais publiée.

NOTES DU CHAPITRE III

1. Voir l'article de Anthony Levi, "Amour-propre: The Rise of an Ethical Concept" (*The Month*, mai 1959, pp. 283–286). Nous avons déjà observé que le terme amour-propre n'a pas figuré dans la polémique de 1641–1642, bien que le rôle attribué à l'orgueil dans les écrits d'Arnauld de ces années-là en préfigure assez clairement la théorie. Voir ci-dessus, p. 22
2. Starobinski, "Complexité de La Rochefoucauld", *Preuves* (mai, 1962), p. 34.
3. L'histoire ultérieure du développement de cette théorie s'inspire en partie des études déjà faites sur ce sujet par Levi. Voir l'article déjà cité et son livre *French Moralists: The Theory of the Passions, 1585 to 1649* (Oxford, 1964).
4. *De civitate Dei*, livre 14, chp. 28. Cité par Levi, *op. cit.*, p. 225.
5. Pascal, *Oeuvres complètes*, éd Lafuma (Paris, 1963), p. 277.
6. Ce rapprochement a été suggéré par Levi, *art. cit.*, p. 287.
7. Senault, *De l'usage des passions* (Paris, 1664), *Préface* (non paginée). C'est moi qui souligne. Signalons que selon Levi, Senault aurait été un des premiers à utiliser le terme amour-propre, tel que Jansénius l'avait défini, dans un ouvrage en français (*op. cit.*, p. 225).
8. Cf. ci-dessus, chp. II, p. 48.
9. La maxime posthume 28, qui apparaît pour la première fois dans la lettre 43 de 1676, rattache également toutes les passions à l'amour-propre: "Les passions ne sont que les divers goûts de l'amour-propre."
10. Nous citons d'après le texte du recueil de Sercy, dont les variantes par rapport à la maxime 94 du manuscrit de Liancourt sont données en note par l'édition Truchet.
11. La même phrase se trouve dans tous les *Avis au lecteur* postérieurs.
12. La lettre autographe présente une première version barrée de cette maxime: "Le péché originel a tellement renversé le coeur et l'esprit de l'homme qu'au lieu . . .".
13. Cette maxime s'y trouve en post-scriptum, et La Rochefoucauld indique qu'elle ne lui plaît pas tout à fait (p. 555).
14. Notons que La Chapelle-Bessé en parle comme les causes de la chute dans son *Discours-Préface*: "Peut-on jamais donner assez d'aversion pour ces deux vices, qui furent les causes funestes de la révolte de notre premier père ni trop décrier ces sources malheureuses de toutes nos misères?" (p. 281).
15. Cf. la déclaration de la 18e *Réflexion diverse*, "De la retraite": "L'orgueil, qui est inséparable de l'amour-propre, leur [c'est-à-dire les vieillards] tient alors lieu de raison . . ." (p. 224).

16. La maxime 443, publiée pour la première fois dans la cinquième édition, souligne également qu'on ne saurait s'en défaire: "Les passions les plus violentes nous laissent quelquefois du relâche, mais la vanité nous agite toujours."

17. Cette distinction est suggérée par la maxime 21 du manuscrit de Liancourt: "L'orgueil se dédommage toujours, et il ne perd rien lors même qu'il renonce à la vanité."

18. C'est la maxime 109 du manuscrit de Liancourt. La maxime 176 du même texte revient encore à cette soif de domination chez l'homme: "Peu de gens sont cruels de cruauté, mais tous les hommes sont cruels et inhumains d'amour-propre." Pour un rapprochement de cette maxime avec les idées de Thomas Hobbes, consulter l'article de Starobinski, "La Rochefoucauld et les morales substitutives" dans la *Nouvelle Revue française*, 163–164 (juillet–août 1966), pp. 214–216, et W. G. Moore, "The World of La Rochefoucauld's *Maximes*" (*French Studies*, vii, 1953, pp. 335–345).

19. C'est le début de la maxime 53 du manuscrit de Liancourt. Une comparaison de la fin de cette maxime avec un autre passage d'Esprit tiré de même de son chapitre "De l'humilité" suggère que les deux collaborateurs songeaient en particulier à l'humilité des courtisans et des mondains. Tandis que le duc parle des "charges" et des "honneurs", Esprit critique "l'humilité des gens du monde" (I, p. 468). En même temps, Esprit ne néglige pas l'humilité chrétienne—sujet qui n'apparaît guère dans le manuscrit de Liancourt. Cependant, une maxime de la lettre 44, envoyée entre 1671 et 1674, oppose cette vertu à l'orgueil: "L'humilité est la véritable preuve des vertus chrétiennes; sans elle, nous conservons tous nos défauts, et ils sont généralement couverts par l'orgueil, qui les cache aux autres, et souvent à nous-mêmes." Ce sera la maxime 358 des 4e et 5e éditions. En plus, deux autres maximes sur l'humilité publiées dans le Supplément de 1693 seront d'inspiration chrétienne: les maximes posthumes 35—"Force gens veulent être dévots, mais personne ne veut être humble"—et 38—"L'humilité est l'autel sur lequel Dieu veut qu'on lui offre des sacrifices."

20. Levi a essayé de montrer que l'intérêt inspire parfois la vertu selon La Rochefoucauld. Il cite à ce propos les maximes 182, 187, 253, et 305 de 1678 (ce sont les numéros 227 et 169 du manuscrit de Liancourt, la maxime 196 de 1665, et la maxime 305 de la 3e édition). Il reconnaît néanmoins que la maxime que nous venons de citer met l'intérêt et l'amour-propre sur le même pied, ce qui indique, selon lui, une certaine incohérence de pensée (*art. cit.*, pp. 285–286). Nous pensons au contraire que le duc attribue partout un rôle corrupteur à l'intérêt, comme on le verra par la suite. Notons aussi que ces maximes répondent à une question posée par Lewis: ". . . what the portrait of self-love leaves undetermined is the extent to which the consciousness attributed to self-love can be considered willfully malignant" (*op. cit.*, p. 81). Evidemment, cette "conscience" attribuée à l'amour-propre serait maligne.

21. Cette maxime apparaît pour la première fois dans l'édition princeps.

22. Le sens défavorable de cette maxime est même plus clair dans son état définitif (n° 253, 1678): "L'intérêt met en oeuvre toutes sortes de vertus et de vices."

23. Cette dernière maxime ne se trouve avant 1665 que dans le manuscrit Gilbert.

24. Cf. la maxime qui apparaît pour la première fois dans l'édition de 1665 sous le n° 99: "Dans l'adversité de nos meilleurs amis, nous trouvons toujours quelque chose qui ne nous déplaît pas."

25. C'est la maxime 97 de l'édition princeps; elle ne se trouve avant 1665 que dans le manuscrit Gilbert (G.E.F. 582).

26. C'est la maxime 116 du manuscrit de Liancourt. Nous avons déjà observé

qu'une pensée semblable se trouve chez Esprit. Voir ci-dessus, chp. II, p. 31.

27. C'est la maxime 56 du manuscrit de Liancourt. Cette scène de comédie est aussi esquissée chez Esprit: "... l'intérêt joue lui seul ce nombre infini de personnages qu'on voit sur le théâtre du monde; ... c'est lui qui joue le juge corrompu et le magistrat plein d'intégrité; le modeste et le magnifique, l'avare et le libéral, et qui se montrant sous la figure d'un homme qui demande conseil, paraît en même temps sous celle d'un bon ami qui le donne" (I, p. 594).

28. C'est la maxime posthume 27 qui n'est donnée par aucune autre source.

29. C'est la maxime 186 du manuscrit de Liancourt.

30. C'est la maxime 268 du manuscrit de Liancourt. Cf. la maxime 269 qui la suit ("Ce qui nous fait croire si facilement que les autres ont des défauts, c'est la facilité que l'on a de croire ce qu'on souhaite") et la maxime 257 qui présente une idée semblable: "Si nous n'avions point de défauts, nous ne serions pas si aises d'en remarquer aux autres."

31. C'est la maxime 107 du manuscrit de Liancourt. Tout ce développement se trouve condensé dans la maxime 157 du même texte: "On ne blâme le vice et on ne loue la vertu que par intérêt."

32. A la fin de la maxime 29 du manuscrit de Liancourt, La Rochefoucauld offre un exemple concret de cette qualité relative de la gloire: "Nous élevons même la gloire des uns pour abaisser par là celle des autres, et on louerait moins Monsieur le Prince et Monsieur de Turenne si on ne voulait pas les blâmer tous les deux."

33. Voir à ce propos le chapitre de M. Bénichou, "L'Intention des *Maximes*" dans *L'Ecrivain et ses travaux*, pp. 20–21.

34. Voir à ce sujet l'ouvrage bien connu de M. Bénichou, *Morales du Grand Siècle*, Paris, 1948, pp. 97–111 et le chapitre 7 de M. Levi, "The Cult of Glory" (*op. cit.*, pp. 177–183).

35. C'est la maxime 201 du manuscrit de Liancourt.

36. Il est à remarquer que la maxime 104 du manuscrit est d'inspiration semblable: "La réconciliation avec nos ennemis, qui se fait au nom de la sincérité, de la douceur, et de la tendresse, n'est qu'un désir de rendre sa condition meilleure, une lassitude de la guerre, et une crainte de quelque mauvais événement."

37. Ces réflexions se retrouvent encore dans la maxime 71 du manuscrit de Liancourt: "La modération dans la bonne fortune n'est que la crainte de la honte qui suit l'emportement, ou la peur de perdre ce que l'on a." La maxime 70 du manuscrit qui oppose la modération à l'ambition ("... la modération est la bassesse de l'âme, comme l'ambition en est l'élévation") et déclare que l'une exclut l'autre semble d'abord contredire les maximes 71 et 77. En fait, La Rochefoucauld donne ici une définition différente de la modération, la présentant comme une attitude constante devant la vie, plutôt qu'une pose adoptée par les héros—qui sont, d'ailleurs, des ambitieux par définition.

38. Voir ci-dessus, chp. II, p.27.

39. Cette pensée se retrouve dans la maxime 153 déjà mentionnée: "La plupart des hommes s'exposent assez à la guerre pour sauver leur honneur, mais peu se veulent toujours exposer autant qu'il est nécessaire pour faire réussir le dessein pour lequel ils s'exposent."

40. Nous citons d'après l'édition hollandaise, par rapport à laquelle la copie ne présente qu'une variante négligeable. Cette maxime ne se trouve pas ailleurs.

41. Plusieurs critiques, dont H. Coulet est le plus marquant ("La Rochefoucauld ou la peur d'être dupe", *Hommage au doyen Etienne Gros*, Gap, 1959, pp. 107–111), ont trouvé chez le duc une certaine ambiguïté envers l'héroïsme, comme si le moraliste en subissait toujours la fascination. Nous croyons, comme Lewis, que La Rochefoucauld nie l'existence d'un héroïsme pur et authentique (*op. cit.*, p. 104).

42. Nous avons déjà comparé cette maxime de La Rochefoucauld à un passage du *Dialogue sur la paix* d'Esprit. Voir ci-dessus, chp. I, p.11.

43. Encore est-il notable que la lucidité ne caractérise guère ceux qui s'approchent des grands, puisque leur orgueil se flatte de participer à cette grandeur, et les aveugle sur la faiblesse réelle qu'elle cache. Le duc expose longuement ce point de vue dans la maxime 49 du manuscrit de Liancourt, et Esprit développe la même idée dans son chapitre sur la confiance (I, pp. 181–182).

44. L'examen du déterminisme de La Rochefoucauld, y compris le rôle joué par les humeurs, le hasard et la fortune dans les *Maximes*, reste à faire. Ces sujets seront traités plus en détail dans le chapitre suivant.

45. La prétendue grandeur de ces actions serait alors l'effet d'un mécompte, selon la maxime 196 du même texte: "On se mécompte toujours dans le jugement que l'on fait de nos actions quand elles sont plus grandes que nos desseins."

46. La maxime 169 de 1665 va encore dans le même sens: "La gloire des grands hommes se doit mesurer aux moyens qu'ils ont eus pour l'acquérir."

47. Tout au plus les grands sont plus misérables que les hommes communs, comme l'indique la maxime 38 du manuscrit de Liancourt: "Comme la plus heureuse personne du monde est celle à qui peu de choses suffit, les grands et les ambitieux sont en ce point les plus misérables qu'il leur faut l'assemblage d'une infinité de biens pour les rendre heureux."

NOTES DU CHAPITRE IV

1. Voir ci-dessus, chp. III, p.59.

2. Cette double vision de l'amour-propre est bien illustrée par le début de la maxime 107 du manuscrit de Liancourt: "Comme si ce n'était pas assez à l'amour-propre d'avoir la vertu de se transformer lui-même, il a encore celle de transformer ses objets; ce qu'il fait d'une manière fort étonnante, car non seulement il les déguise si bien qu'il y est lui-même abusé, mais aussi, comme s'il ses actions étaient des miracles, il change l'état et la nature des choses soudainement."

3. Cette citation, de même que les suivantes, suit le texte de 1659 (pp. 417–420). Cf. le passage suivant d'Esprit sur l'amour-propre: " . . . ces divers états de l'amour-propre n'ont rien de comparable aux adresses et aux finesses dont il use pour se dérober à la connaissance de ceux qui ont l'esprit pénétrant et qui sont continuellement appliqués à les découvrir, elles sont si nombreuses qu'on ne saurait les compter, et la plupart si déliées qu'il n'est pas possible de les connaître, et de savoir tous les prétextes dont il se couvre et tous les desseins qui paraissent bons et désintéressés sous lesquels il se cache . . ." (II, pp. 463–464).

4. Comme l'a remarqué Lewis—et E.D. James et W.G. Moore avant lui—cette dissolution ultime de l'amour-propre dans le caprice pourrait faire soupçonner que La Rochefoucauld a voulu libérer le concept de l'amour-propre de son ancienne signification condamnatoire. Si on considère, pourtant, la réaction que ce mot eût provoqué chez un lecteur du 17e siècle, il est difficile de croire que le duc eût voulu—ou qu'il eût pu—neutraliser le mot. Je crois, pour ma part, que J. Culler a raison de souligner que les termes qui nous semblent ambigus dans les *Maximes* furent utilisés avec confiance par l'auteur: il croyait que son lecteur suivrait son sens sans difficulté ["Paradox and the Language of Morals in La Rochefoucauld", *Modern Language Review*, 68 (January, 1973), p. 34]. Le lecteur moderne, par contre, est beaucoup plus frappé par la dissolution des catégories morales nettes effectuée par le recueil.

5. Les mécomptes faits par l'amour-propre dans cette recherche du bien sont

indiqués dans le paragraphe suivant de la réflexion de 1659: "Il est capricieux, et on le voit quelquefois travailler avec la dernière application, et avec des travaux incroyables, à obtenir des choses qui ne lui sont point avantageuses et qui lui sont même nuisibles, et qu'il poursuit seulement parce qu'il les veut." La 18ᵉ *Réflexion diverse*, "Du faux", souligne également que l'amour-propre est séduit par les apparences du bien: ". . . notre amour-propre est flatté de tout ce qui se présente à nous sous les apparences du bien . . ." (p.208).

6. Cf. aussi cet autre passage d'Esprit: "Ainsi pendant que l'ardeur du tempérament rend les hommes hardis, et leur donne une extrême facilité à exécuter les actions guerrières, la froideur de la complexion des femmes, et leur timidité naturelle, les aident merveilleusement à pratiquer l'honnêteté et la modestie. Ainsi est-ce cette froideur de tempérament qui est le principe le plus ordinaire de la retenue et de la modestie des femmes" (II, pp.91–92).

7. Esprit indique au même endroit que l'amour de la gloire surmonte la crainte de la mort chez les hommes d'un certain tempérament. Cf. la réflexion finale de 1665 où La Rochefoucauld déclare que le tempérament peut nous aider à regarder la mort en face: ". . . espérons plus de notre tempérament que des faibles raisonnements à l'abri desquels nous croyons pouvoir approcher de la mort avec indifférence" (p.358).

8. Encore peut-on noter que le duc, à l'encontre d'Esprit, ne limite pas la paresse à certains tempéraments. La maxime 148 du manuscrit de Liancourt déclare qu'elle est une des causes de la fausseté des vertus ("La honte, la paresse, la timidité ont souvent toutes seules le mérite de nous retenir dans notre devoir, pendant que notre vertu en a tout l'honneur"), tandis que la maxime 253 du même texte examine longuement les effets de cette passion qui est "la plus inconnue" de toutes. Mme de Sablé attribue ces réflexions sur la paresse à l'humeur du moraliste: "L'auteur a trouvé dans son humeur la maxime de la paresse. Car jamais il n'y en a eu une si grande que la sienne, et je crois que son coeur, aussi inofficieux qu'il est, a autant ce défaut par la paresse que par la volonté" (p.567, note 18).

9. Voir par exemple l'article de J.-R. Charbonnel, "Les tendances philosophiques et religieuses de La Rochefoucauld", *Annales de philosophie chrétienne* (1903), pp.493–505.

10. Ce même mélange apparaît dans les *Pensées* de Pascal, qui a fréquenté, lui aussi, le salon de Mme de Sablé.

11. M. Cureau de La Chambre, *Les Caractères des passions*, 2ᵉ édition (Paris, 1648), 5 tomes en 4 volumes in-folio, "Avis au lecteur" (non paginé).

12. C'est le titre de l'ouvrage qui devrait faire suite aux *Caractères des passions*, et qui n'a jamais vu le jour. Un exposé des idées de La Chambre sur la physionomie qui se trouve dans son *Art de connaître les hommes* (Paris, 1659, pp. 306–337) indique que le point de départ de l'ouvrage projeté eût été les considérations d'Aristote sur ce sujet.

13. La Chambre, *Caractères des passions*, I, 1, *Avis au lecteur* (non paginé).

14. On ne saurait, bien sûr, exclure l'influence de Descartes. M. Grubbs (*op. cit.*, pp.26–27) signale certains passages du *Traité des passions* qui ont pu intéresser le duc, notamment les articles 167, 168, 182, 191, 201, 202 et 203. Ce critique ne pense pas pourtant que cette influence fût grande.

15. La Chambre, *Caractères des passions*, II, 2, p.84.

16. *Ibid.*, II, 2, pp.233–234. Cf. IV, 3, p.324: ". . . quand le naturel est faible, ou qu'il y a quelque langueur dans l'âme, toutes les actions qui en partent se conforment à cette faiblesse sans que l'on y pense et lors même qu'il n'y a rien à craindre."

17. *Ibid.*, II, 2, p.88. Notons que la maxime 20 de l'édition de 1664 substitue le

mot "tempérament" au mot "coeur": "La faiblesse de l'esprit est mal nommée: c'est en effet la faiblesse du tempérament, qui n'est autre chose qu'une impuissance d'agir et un manque de principe de vie." La maxime 49 de l'édition de 1665 qui donnera la maxime 44 de 1678 offre une rédaction encore plus générale de cette pensée, comme si La Rochefoucauld craignait d'être mal compris: "La force et la faiblesse de l'esprit sont mal nommées; elles ne sont en effet que la bonne ou la mauvaise disposition des organes du corps."

18. *Ibid.*, p.62.

19. *Ibid.*, pp. 67–68.

20. La Chambre, l'*Art de connaître les hommes*, p. 53. Voir ci-dessus, p. 85.

21. Voir l'ouvrage de R. Kerviler, *Marin et Pierre Cureau de La Chambre*, (Le Mans, 1877), p. 31.

22. La Chambre, *Caractères des passions*, II, 2, p. 177.

23. La Chambre, l'*Art de connaître les hommes*, pp. 240–242.

24. Les *Mémoires* offrent même, jointe à de fréquentes allusions passagères à la fortune, une formulation réfléchie de son rôle dans les affaires humaines: ". . . la fortune règle les événements plus souvent que la conduite des hommes . . ." (éd. de la Pléiade, p. 152).

25. La deuxième phrase de cette *Réflexion* est très proche des maximes 31 et 79 du manuscrit: "Le soin de la nature est de fournir les qualités; celui de la fortune est de les mettre en oeuvre, et de les faire voir dans le jour et avec les proportions qui conviennent à leur dessein . . ." (p. 210). Mlle Leconte signale avec raison que cette *Réflexion* se rattache, par ses allusions aux événements politiques, aux *Mémoires* dont La Rochefoucauld a achevé la rédaction vers 1662 (*art. cit.*, p. 180, note 10).

26. Les recherches faites par Mlle Leconte sur les dates de composition des *Réflexions diverses* indiquent que les *Réflexions* 1, 2, 3, 4, 5, 10, 13 et 16 existaient du moins en état d'ébauches avant 1665 (*art. cit.*, p. 181). Il y a dans toutes ces *Réflexions* des phrases qui ressemblent beaucoup à certaines maximes du manuscrit de Liancourt, ce qui révèle que le duc utilisait simultanément ces deux genres pour exprimer les mêmes préoccupations.

27. Sa pensée sur ce sujet est encore plus explicite dans la maxime 489 (1678) publiée pour la première fois dans la 5e édition: "Quelque méchants que soient les hommes, ils n'oseraient paraître ennemis de la vertu, et lorsqu'ils la veulent persécuter, ils feignent de croire qu'elle est fausse ou ils lui supposent des crimes."

28. Dans son article "Scepticism and Positive Values in La Rochefoucauld" [*French Studies*, 23 (1969), pp. 349–361], E. D. James ajoute encore une troisième espèce de vertu: celle produite par le concours de certains facteurs dont la valeur morale serait neutre ("virtue . . . which may result from value-neutral factors . . .", p. 360). Evidemment la production d'une telle vertu serait fortuite.

29. Un passage de la 2e *Réflexion*, "De la société," élabore cet aspect capital de la pensée du moraliste, et met davantage en relief les postulats fondamentaux sur lesquels la morale de l'honnêteté repose: "Il serait inutile de dire combien la société est nécessaire aux hommes: tous la désirent et tous la cherchent, mais peu se servent des moyens de la rendre agréable et de la faire durer. Chacun veut trouver son plaisir et ses avantages aux dépens des autres; on se préfère toujours à ceux avec qui on se propose de vivre, et on leur fait presque toujours sentir cette préférence; c'est ce qui trouble et qui détruit la société. Il faudrait du moins savoir cacher ce désir de préférence, puisqu'il est trop naturel en nous pour nous en pouvoir défaire; il faudrait faire son plaisir et celui des autres, ménager leur amour-propre, et ne le blesser jamais" (pp. 185–186).

30. Comme l'a constaté Lewis, la théorie de l'honnêteté réunit deux per-

spectives, dont l'une serait psychologique et l'autre sociologique. Il en résulte "... an intriguing interplay of voluntaristic and fatalistic perspectives, a variation of emphasis corresponding loosely to a fluctuation of viewpoint between individual (psychological) and collective (sociological) concerns" (*op. cit.*, p. 110).

31. Cette maxime apparaît pour la première fois dans l'édition princeps.

32. Cf. la 3ᵉ *Réflexion diverse*: "Mille gens déplaisent avec des qualités aimables, mille gens plaisent avec de moindres talents: c'est que les uns veulent paraître ce qu'ils ne sont pas, les autres sont ce qu'ils paraissent..." (pp. 190–191).

33. La Rochefoucauld revient à ces idées dans la 3ᵉ *Réflexion*: "... quelques avantages ou quelques désavantages que nous ayons reçus de la nature, on plaît à proportion de ce qu'on suit l'air, les tons, les manières et les sentiments qui conviennent à notre état et à notre figure, et on déplaît à proportion de ce qu'on s'en éloigne" (p. 191).

34. Au premier abord, ces maximes sur l'authenticité semblent incompatibles avec la maxime 310 de 1665 déjà citée sur les "faussetés déguisées". Nous pensons que cette contradiction n'est qu'apparente, car la maxime 310 ne recommande pas la pratique de telles "faussetés", mais traite plutôt de la confiance nécessaire à l'homme social pour qu'il se fie à ses semblables. Voir ci-dessous, p. 99.

35. Sur ce point, nos conclusions rejoignent celles de J. Starobinski ("La Rochefoucauld et les morales substitutives", *Nouvelle Revue française*, 163–164, juillet–août 1966, pp. 211–214).

36. Certaines *Réflexions diverses* développent encore ces idées sur le naturel et permettent de les préciser. La 3ᵉ *Réflexion* indique qu'en général l'affectation représente un oubli de soi-même, ou, ce qui est pire, une fuite perpétuelle de l'être devant sa propre réalité: "Chacun veut être un autre et n'être plus ce qu'il est..." (p. 189).

37. Quand le moraliste reprend cette pensée dans la 10ᵉ *Réflexion*, il se plaît à souligner la rareté d'une telle droiture: "Dans toutes ces différences de goûts que l'on vient de marquer, il est très rare, et presque impossible, de rencontrer cette sorte de bon goût qui sait donner le prix à chaque chose, qui en connaît toute la valeur, et qui se porte généralement sur tout..." (pp. 202–203).

38. L'expression se trouve dans la 10ᵉ *Réflexion*: "Il y en a qui, par une sorte d'instinct dont ils ignorent la cause, décident de ce qui se présente à eux, et prennent toujours le bon parti" (p. 202).

39. On peut rapprocher la maxime 63 du passage suivant de la 16ᵉ *Réflexion*: "Un bon esprit voit toutes choses comme elles doivent être vues; il leur donne le prix qu'elles méritent, il les sait tourner du côté qui lui est le plus avantageux, et il s'attache avec fermeté à ses pensées parce qu'il en connaît toute la force et toute la raison" (p. 218).

40. La Rochefoucauld reprend cette pensée dans la 13ᵉ *Réflexion*: "Les honnêtes gens doivent approuver sans prévention ce qui mérite d'être approuvé, suivre ce qui mérite d'être suivi, et ne se piquer de rien" (p. 208).

41. Cette dernière maxime fait partie, comme on l'a déjà remarqué, d'une série de maximes du manuscrit qui traitent de l'attrait exercé sur le commun par tout ce qui l'éblouit. Voir en particulier les maximes 165, 173 et 185.

42. Cf. la maxime 90 de 1678, publiée pour la première fois dans la 5ᵉ édition: "Nous plaisons plus souvent dans le commerce de la vie par nos défauts que par nos bonnes qualités."

43. Cf. la 2ᵉ *Réflexion*: "Le rapport qui se rencontre entre les esprits ne maintiendrait pas longtemps la société, si elle n'était réglée et soutenue par le bon sens, par l'humeur, et par des égards qui doivent être entre les personnes qui veulent vivre ensemble" (p. 186).

44. Le duc revient à cette idée dans la 2e *Réflexion*: "... on doit se souvenir qu'on incommode souvent quand on croit ne pouvoir jamais incommoder" (p. 186). Le duc s'attribue cette discrétion dans son autoportrait: "J'aime mes amis, et je les aime d'une façon que je ne balancerais pas un moment à sacrifier mes intérêts aux leurs; j'ai de la condescendance pour eux, je souffre patiemment leurs mauvaises humeurs et j'en excuse facilement toutes choses; seulement je ne leur fais pas beaucoup de caresses, et je n'ai pas non plus de grandes inquiétudes en leur absence" (p. 257).

45. C'est la maxime 42 du manuscrit. Comme La Rochefoucauld le signale dans la maxime 142 du même texte, c'est encore la vanité qui nous aveugle sur notre propre ennui: "On se vante souvent mal à propos de ne se point ennuyer, et l'homme est si glorieux qu'il ne veut pas se trouver de mauvaise compagnie."

46. C'est le début de la maxime 106 du manuscrit de Liancourt. Cette maxime reçoit la forme d'un précepte dans la 5e *Réflexion*: "... on doit entrer indifféremment sur tous les sujets agréables qui se présentent, et ne faire jamais voir qu'on veut entraîner la conversation sur ce qu'on a envie de dire" (p. 193).

47. B.N. f.fr. 17056, vol. XIII, f. 121. Ce fragment a été publié pour la première fois par R. Kerviler ("Le Maine à l'Académie française", *Revue historique et archéologique du Maine*, 1877, pp. 349–350) qui l'a attribué à Pierre Cureau de La Chambre. Il appartient en fait à Esprit, comme l'a montré Ivanoff (*op.cit.*, p. 131). Nous avons reproduit ce fragment dans notre thèse de doctorat (l'appendice II).

48. Une définition semblable du grand esprit se trouve tout au début de la 16e *Réflexion*, "De l'esprit": "... ses lumières n'ont point de bornes, il agit toujours également et avec la même activité, il discerne les objets éloignés comme s'ils étaient présents, il comprend, il imagine les plus grandes choses, il voit et connaît les plus petites ..." (p. 218).

49. Dans deux autres maximes du manuscrit de Liancourt, le duc indique qu'il y a encore une éloquence indépendante de l'esprit qui peut se manifester chez tout le monde, puisqu'elle dépend non pas de l'art, mais de la nature. Ce sont les maximes 127 ("Les passions sont les seuls orateurs qui persuadent toujours; elles sont comme un art de la nature dont les règles sont infaillibles et l'homme le plus simple, qui sent, persuade mieux que celui qui n'a que la seule éloquence") et 152: "Il n'y a pas moins d'éloquence dans le ton de la voix que dans le choix des paroles."

50. La Rochefoucauld revient encore à ce sujet dans la 16e *Réflexion*: "Un esprit de finesse ne va jamais droit, il cherche des biais et des détours pour faire réussir ses desseins; cette conduite est bientôt découverte, elle se fait toujours craindre et ne mène presque jamais aux grandes choses" (p. 220).

51. Lewis constate combien cette attitude est réactionnaire: "Despite the relatively modern note struck by the attribution of primacy to the social order, La Rochefoucauld's adherence to the theory of honnêteté upholds a profoundly reactionary view of society, consonant with the separatism of a cultural elite, a self-conscious community of disabused minds bent upon securing an equilibrium among egotists that will allow for an optimum of truth, freedom and pleasure" (*op. cit.*, p. 116).

52. Le chapitre 19 du premier volume, "De la politesse", insiste toujours que la charité seule est "... une politesse et une honnêteté véritable, et ... de tous les hommes il n'y a que les chrétiens qui soient véritablement polis et honnêtes gens" (II, p. 446).

53. Observons aussi que la pensée de Baltasar Castiglione a vraisemblablement exercé une influence sur La Rochefoucauld. On sait, grâce au traducteur anonyme du *Parfait Courtisan* de Castiglione publié en 1690, que le duc portait l'admiration la plus profonde à cet ouvrage: "Car, pour me borner à un seul témoignage, mais

qui est d'un poids à l'emporter sur mille autres, feu M. le duc de la Roche-foucauld, dont le génie élevé et la capacité étendue, s'est attiré l'hommage des plus beaux esprits de son temps, rendait ce témoignage à ce livre, qu'il ne s'en trouvait point sur ces sortes de sujets qui fût comparable à celui-ci; aussi ce grand homme n'en parlait-il jamais, que comme d'un chef-d'oeuvre accompli'' (*Préface*, non paginée).

BIBLIOGRAPHIE CHOISIE

I. Editions de La Rochefoucauld

La Rochefoucauld, François VI de. *Oeuvres de La Rochefoucauld*. "Collection des Grands Ecrivains de la France", éd. D. L. Gilbert, J. Gourdault, A. et H. Régnier, 4 vol., un album et un appendice, Paris (1868–1893).

Maximes et Réflexions, texte présenté par Roland Barthes, Paris (Club français du livre), 1961.

Maximes et Mémoires, texte présenté par Jean Starobinski, Paris (Union générale d'éditions), 1964.

Oeuvres complètes, édition établie par L. Martin-Chauffier, revue et augmentée par Jean Marchand, Introduction par Robert Kanters, Paris ("Bibliothèque de la Pléiade", Gallimard), 1964.

Maximes, suivies des Réflexions diverses, du Portrait de La Rochefoucauld par lui-même, et des Remarques de Christine de Suède sur les Maximes, texte établi par Jacques Truchet, Paris (Garnier frères), 1967.

Réflexions ou Sentences et Maximes morales, Réflexions diverses, présentées avec leurs variantes par Dominique Secretan, Genève (Librairie Droz), 1967.

II. Ecrits relatifs à la genèse des *Maximes* parus avant 1800

Arnauld, Antoine. *De la nécessité de la foi en Jésus-Christ pour être sauvé; où on examine si les païens et les philosophes, qui ont moralement bien vécu, ont pu être sauvés sans avoir la foi en Jésus-Christ*. Tome X (1967) des *Oeuvres de Messire Antoine Arnauld* [Paris (d'Arnay), 1775–1783] impression anastaltique, "Culture et Civilisation", 43 vol., Bruxelles, 1964–1967.

Castiglione, Balthasar. *Le Parfait Courtisan et la Dame de Cour*. Traduction anonyme. Chartres, 1690.

Esprit, Jacques. *De la Fausseté des vertus humaines*. Paris (Chez Guillaume Desprez), 1678.

La Chambre, Marin Cureau de. *L'Art de connaître les hommes*. Paris (Chez P. Rocolet), 1659.

Les Caractères des Passions. Deuxième édition. Paris (tomes I à IV, chez P. Rocolet; tome V, chez J. d'Allin). Le tome I date de 1648; le tome II, de 1660; les tomes III et IV de 1659; et le tome V, de 1662.

La Mothe le Vayer, François de. *De la vertu des païens*. Paris (F. Targa), 1642.

125

Oeuvres. Publiées par François de La Mothe le Vayer fils. 2 vol. Paris (Chez A. Courbé), 1654.

Montaigne, Michel de. *Essais*. Présentation par Maurice Rat. 2 vol. Paris (Garnier frères), 1962.

Rapin, le Père René. *Mémoires*. Ed. Léon Aubineau. 3 vol. Paris (Gaumes frères et J. Duprey), 1865.

Sablé, Madeleine (de Souvré), marquise de. *Maximes: et Pensées diverses* (de l'abbé d'Ailly). Paris (Chez S. Mabre-Cramoisy), 1678.

Senault, le Père François. *De l'Usage des passions*. Treizième édition, revue et corrigée. Paris (Chez Pierre Le Petit), 1664.

Sénèque. *Oeuvres*. Traduction de François de Malherbe, continuée par Pierre Du Ryer. 2 tomes en 4 vol. in-folio. Paris (Chez Antoine de Sommaville), 1659. Le tome II a un titre particulier qui porte: *Les Oeuvres de Sénèque, de la version de Pierre Du Ryer*, avec la date de 1658.

III. Etudes modernes

A. Principaux ouvrages consultés

Adam, Antoine. Chapitre II (*Les Moralistes, La Rochefoucauld*) du tome IV de l'*Histoire de la littérature française au 17ᵉ siècle*. Paris (Domat), 1954.

Bénichou, Paul. *Morales du Grand Siècle*. Paris ("Bibliothèque des Idées", Gallimard), 1948.

L'Ecrivain et ses travaux, "L'Intention des *Maximes*". Paris (José Corti), 1967.

Bovis, André de. *La Sagesse de Sénèque*. Paris (Aubier), 1948.

Busson, Henri. *La pensée religieuse française de Charron à Pascal*. Paris (J. Vrin), 1933.

La Religion des classiques (1660–1685). Paris (Presses universitaires de France), 1948.

Grubbs, H. A. *The Originality of La Rochefoucauld's "Maxims"*. Princeton (thèse), 1929.

Hippeau, Louis. *Essai sur la morale de La Rochefoucauld*. Paris (A. -G. Nizet), 1967.

Ivanoff, Nicola. *La Marquise de Sablé et son salon*. Paris (Croville-Morant), 1927.

Kerviler, René. *Le Chancelier Pierre Séguier*. Paris (Didier et Cⁱᵉ), 1874.

Marin et Pierre Cureau de La Chambre. Le Mans (Pellechat), 1877.

Lafond, Jean. *La Rochefoucauld, Augustinisme et littérature*. Paris (Klincksieck), 1977.

Levi, Anthony, S. J. *French Moralists: The Theory of the Passions, 1585 to 1649*. Oxford (Clarendon Press), 1964.

Lewis, Philip E. *La Rochefoucauld, The Art of Abstraction*. Ithaca (Cornell University Press), 1977.

Moore, W. G. *La Rochefoucauld, His Mind and Art*. Oxford (Clarendon Press), 1969.

Mora, Edith. *La Rochefoucauld*. Paris (Editions Seghers), 1965.

B. Principaux articles consultés

Coulet, Henri. "La Rochefoucauld, ou la peur d'être dupe", *Hommage au doyen Etienne Gros*, Faculté des Lettres et Sciences humaines d'Aix-en-Provence, Gap, 1959.

Culler, Jonathan. "Paradox and the Language of Morals in La Rochefoucauld", *Modern Language Review*, 68 (janvier, 1973).

Grubbs, H. A. "La Genèse des *Maximes* de La Rochefoucauld", *Revue d'Histoire littéraire de la France*, xxxix (1932), 481–499; xl (1933), 17–37.

Hippeau, Louis "La vertu épicurienne selon les *Maximes* de La Rochefoucauld", *La Table Ronde*, juillet–août, 1956.

"La Rochefoucauld et les Jansénistes", *La Table Ronde*, juin 1961.

James, E. D. "Scepticism and Positive Values in La Rochefoucauld", *French Studies*, 23 (1969).

Leconte, Michèle. "Recherches sur les dates de composition des *Réflexions diverses* de La Rochefoucauld", *Revue des sciences humaines*, avril–juin 1965.

Levi, Anthony, S. J. "Amour-propre: The Rise of an Ethical Concept", *The Month*, mai 1959.

Moore, W. G. "La Rochefoucauld: une nouvelle anthropologie", *Revue des sciences humaines*, octobre–décembre 1952.

"Le premier état des *Maximes*", *Revue d'Histoire littéraire de la France*, octobre–décembre 1952.

"The World of La Rochefoucauld's *Maximes*", *French Studies*, vol. 7, n° 4, 1953.

"Present Position in La Rochefoucauld Studies", *Australian Journal of French Studies*, vol. 1, n° 1, 1964.

Starobinski, Jean. "La Rochefoucauld on the nature of man", *American Society Legion of Honor Magazine*, xxvi (New York), 1955.

"La Rochefoucauld ou l'oubli des secrets", *Médecine de France*, n° 107, 1959.

"Complexité de La Rochefoucauld", *Preuves*, mai 1962.

"La Rochefoucauld et les morales substitutives", *La Nouvelle Revue française*, 163–164 (juillet–août), 1966.

Wagner, N. "De la méthode dans les *Maximes* de La Rochefoucauld", *Information littéraire*, mai–juin, 1955.

INDEX DES NOMS DE PERSONNES

INDEX DES SUJETS

TABLE DES MATIERES

UNIVERSITY OF FLORIDA MONOGRAPHS

Humanities